듣는다는 것

너머학교 열린교실 18

듣는다는 것

이기용 글 이유정 그림

너머학교

사람은 자연학적으로는 단 한 번 태어나고 죽지만 인문학적으로는 여러 번 태어나고 죽습니다. 세포의 배열을 바꾸지도 않은 채 우리의 앎과 믿음, 감각이 완전 다른 것으로 변할 수 있습니다. 이것은 그리 신비한 이야기가 아닙니다. 이제까지 나를 완전히 사로잡던 일도 갑자기 시시해질 수 있고, 어제까지 아무렇지도 않게 산 세상이 오늘은 숨을 조이는 듯 답답하게 느껴질 때가 있습니다. 내가 다른 사람이 된 것이지요.

어느 철학자의 말처럼 꿀벌은 밀랍으로 자기 세계를 짓지만, 인간은 말로써, 개념들로써 자기 삶을 만들고 세계를 짓습니다. 우리가 가진 말들, 우리가 가진 개념들이 우리의 삶이고 우리의 세계입니다. 또 그것이 우리 삶과 세계의 한계이지요. 따라서 삶을 바꾸고 세계를 바꾸는 일은 항상 우리 말과 개념을 바꾸는 일에서 시작하고 또 그것으로 나타납니다. 우리의 깨우침과 우리의 배움이 거기서 시작하고 거기서 나타납니다.

아이들은 말을 배우며 삶을 배우고 세상을 배웁니다. 그들은 그렇게 말을 만들어 가며 삶을 만들어 가고 자신이 살아갈 세계를 만들어 가지요. '생각교과서—열린교실' 시리즈를 준비하며, 우리는 새로운 삶을 준비하는 모든 사람들, 아이로 돌아간 모든 사람들에게 새롭게 말을 배우자고 말하고자 합니다.

무엇보다 삶의 변성기를 경험하고 있는 십대 친구들에게 언어의 변성기 또한 경험하라고 말하고 싶습니다. 그래서 자기 삶에서 언어의 새로운 의미를 발견한 분들에게 그것을 들려 달라고 부탁했습니다. 사전에 나오지 않는 그 말뜻을 알려 달라고요. 생각한다는 것, 탐구한다는 것, 기록한다는 것, 읽는다는 것, 느낀다는 것, 믿는다는 것, 논다는 것, 본다는 것, 잘 산다는 것, 사람답게 산다는 것, 그린다는 것, 관찰한다는 것, 말한다는 것, 이야기한다는 것, 기억한다는 것, 가꾼다는 것, 차별한다는 것, 듣는다는 것……. 이 모든 말의 의미를 다시 물었습니다. 그리고 서로의 말을 배워 보자고 했습니다.

'생각교과서―열린교실' 시리즈가 새로운 말, 새로운 삶이 태어나는 언어의 대장간, 삶의 대장간이 되었으면 합니다. 무엇보다 배움이 일어나는 장소, 학교 너머의 학교, 열려 있는 교실이 되었으면 합니다. 우리 모두가 아이가 되어 다시 발음하고 다시 뜻을 새겼으면 합니다. 서로에게 선생이 되고 서로에게 제자가 되어서 말이지요.

고병권

차례

기획자의 말 5

경이로운 여행을 떠나 볼까요   9

음악이 건네는 말   19

마음의 치유제, 음악   41

잘 들으려 하면 들을 수 있다   61

듣기의 힘   81

오로라 피플   113

경이로운 여행을
떠나 볼까요

여러분은 여행을 좋아하시나요. 아마도 거의 모든 분이 그렇다고 답할 것 같아요. 저도 여행을 참 좋아합니다. 저는 좀 늦은 나이인 32살이 되어서야 처음으로 비행기를 타게 됐어요. 비행기에 탑승하기 위해서는 참 여러 과정이 필요하더군요. 공항에서 수속을 위해 신분증을 꺼내고 티켓을 교환하고 트렁크를 화물칸에 싣고 검색대를 통과하고 나서야 겨우 비행기 좌석에 앉을 수 있었어요. 처음 비행기에 탑승했을 때에는 해냈다는 안도의 한숨이 나올 지경이었어요.

긴장도 되었지만, 드디어 비행기가 이륙하고 창문을 통해 내려다본 광경은 지금도 잊지 못합니다. 뭉게뭉게 펼쳐진 하얀 구름들. 그것은 마치 구름으로 만들어진 끝없는 바다 같았어요. 그리스 로마신화에 나오는 신들이 구름 곳곳에 숨어 있을 것 같았죠. 그때 느낌이 너무도 강렬해서 저는 지금도 비행기 창가 좌석에 앉아 구름을 내려다보면 제우스나 헤라나 아르테미스가 곧 나타날 것 같은 상상에 빠집니다.

여러분은 처음 비행기를 탔을 때 어떤 인상을 받았는지 궁금합니다. 저처럼 처음 공항에 갔을 때 어리둥절하고 긴장되었나요? 그런데 제가 공항에서 본 사람들 표정은 참 밝았어요. 먼 곳으로 여행을 떠나기 위해서 번거로운 과정을 거쳐야 하는데도 말이에요. 어디론 가 낯선 곳으로 떠난다는 것이 주는 설렘 때문일까요? 일행과 재잘 재잘 수다를 떠느라 공항은 언제나 소란스러운데도 여간해서는 다른 사람들에게 조용히 해 달라고 짜증을 내거나 화를 내지 않아요. 여행자로서의 그 설레는 마음을 이해하기 때문일 겁니다.

그런데 우리는 공항에서 왜 설렐까요. 모르는 곳에 가는데 두렵고 긴장되고 불안해하지 않고 왜 설렐까요. 아마도 여행을 통해 '내가 알지 못하는 곳을 보고 느끼고 들을 수 있기 때문'일 겁니다. 내가 '무엇을 잘 알지 못한다는 것'이 여행에서는 오히려 가장 중요한 조건이 되는 것이지요.

앞으로 차차 설명하겠지만 여행의 이러한 속성은 바로 타인의 이야기를 어떻게 들어야 하는가의 문제와 매우 밀접히 연결되어 있습니다.

갑자기 정전이 된 그 순간

듣는다는 것을 생각하면 가장 먼저 떠오르는 일화가 있어요. 대학교 입시를 위해 서대문에 있는 학원에 다닐 무렵의 일입니다. 우리 학원에는 시각장애인 삼총사가 있었어요. 세 사람 모두 플라스틱으로 된 하얀색 접이식 지팡이를 들고 다녔는데 바닥을 툭툭 쳐서 길의 상태를 확인하는 용도였지요. 지금 생각해도 신기한 일인 것이 그들은 혼자서 지하철이나 버스를 타고 학원을 오가며 공부했어요.

수업 시간이 되면 그들은 보통의 노트보다 몇 배는 더 두꺼운 점자용 노트를 사용했어요. 그들은 그 위에다 수업 내용을 점자로 받아 적었습니다. 적는다기보다 나무 손잡이에 철심이 박혀 있는 특수 필기구로 노트에 조각을 하듯이 점자를 새겨 넣습니다. 조용한 수업 시간에 그 삼총사가 필기하는 소리만이 울려 퍼집니다. 타타타타 타닥탁탁 타타타 타타타타.

반의 다른 친구들도 그 소리를 듣습니다. 때로는 그 소리들이 신경을 건드려 수업에 집중하는 것을 방해할 수도 있었어요. 그런데 누구도 점자 필기 소리를 문제 삼지 않았어요. 선생님도 학생들도 그 소리를 묵묵히 듣는 것으로 그들에 대한 이해와 공감의 마음을 표현했어요. 저는 지금도 그 수업 시간 교실 풍경을 떠올리면 필기 소리와 학생들이 침묵으로 표현한 따뜻한 마음이 떠올라 잔잔한 감동을 느낍니다.

그 삼총사 중 내 짝이었던 경훈이 형은 사회복지사가 되는 것이 꿈이었어요. 음악을 상당히 좋아해서 기타도 잘 치고 노래도 꽤 잘 불렀어요. 그해 입시가 끝나고 연말의 어느 토요일 저는 삼총사와 함께 장애인 연대 모임에 갔어요. 그날 경훈이 형은 기타 연주를 하기로 예정되어 있었죠.

참석자들이 돌아가면서 지난 일 년 동안 있었던 일들을 한창 정답게 이야기 나누는 도중에 갑자기 정전이 되었어요. 예상하지 못한 일에 웅성웅성 어수선해졌습니다. 그런데 침착함을 유지하고 있는 사람들이 있었어요. 바로 경훈이 형을 비롯한 삼총사였습니다. 왜 그런지는 여러분도 짐작할 수 있겠죠. 앞이 보이지 않는 시각장애인인 그들에게는 정전 전이나 정전 후가 같은 상황이라 놀랄 이유가 없었던 거예요.

바로 그때 삼총사 중 한 명이 경훈이 형에게 나지막이 말했어요.

"형, 지금 형이 연주하면 좋을 것 같은데. 어때? 한번 해 봐."

잠시 생각하던 형은 의자 옆에 세워 두었던 케이스를 더듬어 기타를 꺼냈어요. 곧 사무장으로 보이는 사람이 사태를 해결하기 위해 겨우겨우 문을 열고 나가고 형은 그 순간 기타를 연주합니다. 방금 전까지의 당황스러움과 어수선함을 날려 버리는 안정되고 아름다운 기타 연주 소리가 어두운 사무실 안에 울려 퍼졌어요. 모두 금세 웅성거림을 멈추고 형의 기타 소리에 귀 기울이는 듯했습니다. 차분하고 집중된 분위기 속에서 저 역시 연주 소리에 마음을 뺏겼습니다.

갑자기 어둠 속에 있게 되면 누구라도 불안한 마음에 사로잡힙니다. 보통의 사람에게 어둠 속에서 의지할 수 있는 감각은 청각밖에 없기 때문입니다. 그럴 때 우왕좌왕 허둥대는 소리는 서로의 불안감을 더 커지게 했을 거예요. 그런데 누군가가 들려준 뜻밖의 차분한 소리가 어둠 속에서도 그렇게 두려움에 떨 필요는 없다는 것과 우리는 안전하다는 것을 깨닫게 해 준 거예요.

그때 또 하나 깨달은 것은 경훈이 형에게는 악보가 필요 없었다는 점이에요. 형은 그때까지 자신이 좋아하는 노래들을 모두 외워서 연주했던 겁니다. 악보를 볼 수 없기에 듣는 것에 의존해서 같은 노래를 여러 차례 연습해 온 결과겠죠. 그래서 어둠 속에서도 악기를 연주할 수 있었던 겁니다.

다시 전기가 들어왔지만 사람들은 형이 연주를 끝마칠 때까지 조용히 연주를 들었어요. 그리고 연주가 다 끝나자 박수와 환호성을 형에게 보냈습니다. 형도 기분이 좋은 듯 환하게 웃으며 감사 인사를 했어요.

그날 시각장애인 삼총사를 제외한 나머지 사람들은 시각이 작동하지 않게 되자 당황했습니다. 그리고 어둠 속에서 우리에게 안정감을 준 힘이 어디에서 왔는지도 정확히 깨달았습니다. 바로 음악의 힘이고, 듣는다는 것의 힘이었습니다. 저를 비롯한 그곳에 있던 사람들은 보이지 않는 가운데 들려오는 음악 소리가 우리에게 평온을 가져다주었던 경험을 잊지 못할 것입니다.

다른 세계로 넘어가기 위해서는

다시 여행 이야기로 돌아갈까요. 앞서 말한 시각장애인 삼총사는 매일같이 길을 더듬어 지하철을 타고 학원을 오갔다고 했죠. 길을 잘못 들어 헤매었던 경험도 숱하게 많았어요. 도중에 길을 잘못 들었다 해도 언제든 돌아 나와 다시 목적지로 향했다고 해요. 삼총사는 잘 모르는 길을 두려워하지 않았기 때문에 결국 학원까지 찾아올 수 있었고 타닥타닥 점자 필기를 이어 갈 수 있었지요.

우리도 여행 중에 잠시 길을 잃었다고 해서 특별히 좌절하지는 않아요. 모르는 곳 자체가 여행의 목적지이고 그곳에 다다르는 과정 자체가 여행이기 때문이죠. 오히려 목적지에서 벗어나 길을 잘못 들었을 때 뜻밖의 멋진 경험을 하게 될 수도 있어요. 길은 결국 어디로든 연결되어 있답니다. 우리의 감각이 전보다 확장되는 것, 그것이 바로 여행이니까요.

여행이 설레는 것은 우리가 잘 모르는 곳에 가기 때문이라는 말을 했어요. 그런데 여기서 중요한 것은 무엇을 잘 모른다는 이유로 부끄럽거나 두렵거나 불안하지 않다는 거예요. 오히려 우리는 새로운 곳이 주는 갖가지 경험들을 기쁘게 받아들입니다. 우리는 여행 중에 기꺼이 감탄할 준비가 되어 있습니다. 또 그렇게 하기 위해 최대한 우리 자신을 비워 둡니다. 그래야 더 많은 것을 느끼고 더 많이 즐거워진다는 것을 알기 때문입니다.

여행할 때는 무엇인가를 잘 모른다고 해도 문제가 되지 않아요. 오히려 우리의 마음이 어떤 생각으로 가득 차 있을 때 여행을 잘 즐기기 어려워집니다. 듣는다는 것은 바로 이런 여행의 속성과 닮아 있어요. 오직 내 안의 생각에만 사로잡혀 있다면 음악도 들리지 않고 다른 사람의 이야기도 들리지 않습니다. 잠시 우리 자신에게서 벗어날 때 우리는 음악 속으로 또 타인의 이야기 속으로 들어갈 수 있게 됩니다.

잘 모르는 여행지를 호기심을 가지고 둘러보듯이 우리 밖의 이야기를 들어 보아요. 무엇을 모르고 있다는 것이 흠이 되지 않고 이것저것 물어봐도 손가락질당하지 않아요. 얼핏 보잘것없어 보여도 주의를 기울여 듣는다면 우주와도 같은 커다란 세계를 만날 수 있어요. 일면 평범해 보이는 모든 것들은 사실 서로서로 연결되어 있고 그 뒤에는 보편적인 우주의 법칙이 숨어 있으니까요.

그럼 이제부터 마음을 열고 한 세계에서 다른 세계로 넘어가는 경이로운 여행을 시작해 볼까요.

음악이 건네는 말

음악과 자유

여러분도 음악을 듣다 주체할 수 없는 감정에 사로잡힌 적이 분명히 있겠죠? 그리고 그 감정을 말로 설명하려고 했을 때 표현하기가 무척 어렵다고 느꼈을 거예요. 어떤 감정에 사로잡힌다는 것은 '익숙한 나'로부터 '나 밖에 있는 다른 무엇인가'로 마음과 관심이 옮겨간다는 뜻입니다. 그래서 이미 알고 있는 언어로는 그것을 표현하기가 쉽지 않아요.

음악에 사로잡히면 시간도 천천히 흐르고 내 안의 감각들이 다 살아나서 나라는 자아의식도 잃고 음악에 몰입합니다. 1955년 최초의 로큰롤 곡인 빌 헤일리의 'Rock Around the Clock'을 처음 들은 당시 영국 청년들은 "마치 소리에 얻어맞는 것 같은 느낌을 받았다."고 했어요. 여러분도 좋아하는 가수나 아이돌의 음악을 듣고 비슷한 경험을 한 적이 있을 거예요. 음악을 듣는 것은 귀로 소리를 듣는 것이지만 결국엔 우리 마음과 영혼을 흔들어 끌어내는 과정이기도 합니다.

저에겐 효민이라는 귀여운 딸이 있습니다. 초등학생 효민이는 등

교하기 전 아침마다 집에 있는 AI 스피커로 음악을 들어요. 보통 자신이 좋아하는 걸 그룹의 노래를 연달아 들으면서 그들의 춤을 따라 합니다. 특별히 좋아하는 음악이 나오면 볼이 빨개져서 가끔 소리도 지르곤 해요. 효민이는 그럴 때의 감정을 이렇게 말해요.

"아빠, 음악을 들으면 찌릿찌릿한 느낌이 들어. 몸이 부풀어 올라서 다른 곳으로 떠가는 것 같아."

어디론가 떠가는 것 같다는 효민이의 표현처럼 우리는 음악을 들으면서 자신을 벗어나 음악이 안내하는 곳으로 여행합니다. 음악을 들을 때마다 항상 이 과정이 수반됩니다. 저는 이것을 음악 안에 감추어져 있는 자유로운 속성 때문이라고 생각해요. 즉 음악은 수많은 음표들의 '움직임'들로 이루어져 있기에 그 자체로 자유로운 속성이 있습니다. 또 그런 성질은 자연스레 음악을 듣는 사람들에게 그대로 전해져 그들을 자유롭게 만들어 주기도 합니다. 음악을 들으면서 자신 안에 있는 무엇인가가 용솟음쳐 어디론가 뻗어 나가는 듯한 감정을 느끼는 것은 바로 이 때문이지요. 우리는 음악을 들으면서 마음속을 또는 상상 속을 끝없이 탐험합니다.

또 다른 감각의 세계에 불을 밝히다

영화 「쇼생크 탈출」은 살인죄의 누명을 쓰고 교도소에서 생을 마감

해야 할 운명에 처한 한 남자에 관한 영화입니다. 주인공 앤디 듀프레인이 극적으로 교도소를 탈출하는 데 성공해, 아내를 죽였다는 누명을 벗고 자유를 찾는 과정을 드라마틱하게 보여 줍니다.

쇼생크는 그가 수감되어 있는 교도소의 이름입니다. 전국에서 가장 악랄한 범죄를 저지른 사람들이 모인 이곳에서 앤디는 동료 죄수들과 교도관들에게 폭행을 당하기 일쑤입니다. 하지만 앤디는 그 와중에도 동료 죄수들의 복지를 위해 애를 쓰는데, 교도소 안에 도서관을 만들기 위해 주 정부에 끈질기게 건의를 합니다. 결국 그의 포기하지 않는 집념 덕에 마침내 교도소에 도서관이 생기게 됩니다.

어느 날 앤디는 도서관의 책들을 살펴보다 우연히 책들 사이에 섞여 있는 음반을 발견합니다. 모차르트의 오페라 「피가로의 결혼」의 한 대목이 실려 있는 음반이었어요. 그는 잠시 고민하다 교도소 방송실의 문을 안에서 걸어 잠그고 스피커를 통해 음악을 틉니다. 그렇게 교도소 곳곳에 울려 퍼진 음악은 그 안에 있는 모든 사람의 귀에 도달합니다. 스피커에서 흘러나오는 음악 소리를 들은 죄수들은 하던 일을 멈추고 그 자리에 얼어붙은 듯 서 있습니다. 영화를 본 사람들 대부분이 기억할 정도로 강렬한 장면이에요. 후에 앤디의 친구 레드는 그 음악을 들었던 순간을 이렇게 회상합니다.

"나는 지금도 그때 두 이탈리아 여인이 무슨 노래를 했는지 잘 모른다. 사실 별로 알고 싶지도 않다. 가끔은 말하지 않는 것이 나을 때가 있다. 그 음악은 말로 표현할 수 없을 만큼 아름다웠다. 마치 상상할 수 없을 정도로 높은 곳에서 새 한 마리가 날아와 우리가 갇혀 있는 답답한 감옥이라는 새장의 벽을 없애 버리는 것 같았다. 짧은 순간이었지만 그날 쇼생크에 있던 모든 사람들은 자유를 느꼈다."

레드는 그 음악의 가사가 무엇인지는 전혀 중요하지 않았다고 해요. 그렇지만 그 음악을 들은 사람들은 아름다움과 자유를 느꼈다고 말합니다. 이탈리아어로 된 가사의 의미를 이해하지 못해도 모차르트 음악이 가지고 있는 아름다움과 자유는 그대로 전달된 것입니다.

모차르트 음악이 쇼생크 사람들의 귀에 들리지 않았다면 그 음악
이 가지고 있는 어떤 자유로움도 그들 안에 들어갈 수 없었을 겁니
다. 바꿔 말하면 그 음악을 들었을 때에야 비로소 음악의 아름다운
속성도 우리 안에서 살아나게 된다는 뜻이에요. 쇼생크에서 처음으
로 음악을 들은 날 사람들은 자기 안에 잠자고 있던 또 다른 감각의
세계가 환하게 불 켜지는 경험을 한 것입니다. 음악의 아름다움이
우리 안에서 환하게 불 켜지게 해 주는 스위치 역할을 한
것이지요.

그렇다면 문을 걸어 잠그고 몰래 음악을 튼 앤디는 어떻게 됐을까요. 교도소장은 방송실로 달려가 잠겨 있는 문을 거세게 두드리며 음악을 당장 멈추라고 소리칩니다. 하지만 앤디는 느긋하게 의자에 몸을 기댄 채 오히려 스피커의 볼륨을 높입니다. 결국 앤디는 허락 없이 음악을 틀었다는 죄로 2주 동안 좁고 어두운 독방에 갇히는 벌을 받습니다. 2주 만에 풀려난 그에게 죄수들이 다가가 어떻게 독방에서 지냈는지 묻자 앤디는 이렇게 답합니다.

"음악은 (머리를 가리키며) 여기 내 머리와 내 가슴에 있는 거야. 내 안에 있는 음악의 아름다움은 누구도 빼앗아 갈 수 없어."

그런데 교도소장은 왜 그렇게 음악을 틀지 못하게 했을까요. 죄수들이 음악을 듣게 되면 아름다움과 자유를 필연적으로 갈망하게 되기 때문일 겁니다. 인간으로서의 존엄과 권리를 깨닫는 것이 그들을 속박하고 가두어야 했던 교도소장 입장에서는 두려웠던 것이겠죠.

마음에 뿌린 자유의 씨앗

한편 영화 「쇼생크 탈출」과 같은 일이 실제로 벌어지기도 했어요. 몇 년 전 우리나라에서 열린 음악 페스티벌에도 다녀갔던 '압둘라 이브라힘'이라는 재즈 피아니스트 이야기입니다. 여러분은 넬슨 만델라라는 이름을 들어 본 적 있나요. 그는 오랜 분쟁에 시달리던 조국 남아프리카공화국에 처음으로 흑백 간의 화합의 장을 마련한 대통령이었어요. 그는 대통령이 되기 전 남아프리카공화국의 악명 높은 '아파르트헤이트'라는 흑백 분리 정책에 항거하다 27년간 감옥에 갇힙니다.

그가 아직 감옥에 갇혀 있을 때의 일입니다. 한 여성 변호사가 만델라가 수감된 교도소에 압둘라 이브라힘의 음반을 몰래 가지고 들어갑니다. 그녀는 방송통제실 잠입에 성공해서 이브라힘의 음악을 틀게 됩니다. 감옥 안에서 10여 년 만에 처음으로 음악을 들은 넬슨 만델라는 "해방이 가까이에 있다."라며 감격했습니다.

좁은 감옥에서 보내길 10년이 넘었으니 그 적막을 뚫고 음악이 들렸을 때를 상상해 보면 만델라의 감탄을 충분히 이해할 수 있겠지요. 만델라는 이브라힘의 피아노 소리를 들으며 음악이 깨우쳐 준 자유를 가슴 깊이 새겼을 거예요. 그리고 그것은 만델라가 석방되는 날까지 희망을 잃지 않고 버틸 수 있게 하는 힘이 되었을 겁니다.

나중에 수감 생활을 마치고 만델라가 남아프리카공화국의 대통령이 되었을 때 압둘라 이브라힘은 그의 취임식에서 당당히 축하 연주를 했습니다. 그때 만델라는 그를 두고 '우리 시대의 모차르트'라고 칭송했어요. 영화 「쇼생크 탈출」에서처럼 만델라는 음악을 들으면서 느낀 자유를 잊지 않고 가슴에 새겼습니다. 그리고 후에 대통령이 되어서는 고국에 자유의 씨앗을 뿌렸습니다.

만델라나 「쇼생크 탈출」의 앤디처럼 감옥에 갇혀 있지는 않지만 우리는 현실의 어느 곳에든 묶여 있는 존재입니다. 그러나 우리는 근본적으로 자유로움을 추구하고 속박에서 벗어나고 싶어 합니다.

뮤지컬 영화 「위대한 쇼맨」을 보고 온 효민이는 그 영화에 푹 빠졌었어요. 종종 집에서 영화의 주제가인 'The Greatest Show'를 들으며 따라 불렀어요. 그러던 어느 날 그 노래를 가만히 듣고 있던 효민이는 자신이 다른 사람보다 잘나지 못했다는 생각으로 슬픈 기분이 들 때가 있다고 말했어요. 늘 귀여운 장난꾸러기로만 알았기에 효민이의 말에 저는 깜짝 놀랐습니다. 다른 친구들과 비교하면서 열등감을 느낄 때가 있다니 걱정스러운 마음이 들었습니다.

제가 이야기를 가만히 듣고 있으니 효민이는 다시 밝은 표정이 되어 이 노래를 들으면 힘이 생긴다고 했어요. 기분이 유쾌해질 뿐만이 아니라 음악이 자신에게 세상을 다른 시선으로 보라고 말해 주는 것 같은 느낌이 든다고 합니다. 음악이 자신에게 말을 건넨다는 거지요.

좋은 음악을 듣고 있으면 우리 안에 있는 자유롭고 싶은 열망이 밖으로 나오려는 듯 꿈틀거립니다. 길을 걷다 파란 하늘 아래 나비가 날아다니고 꽃이 피어나면 우리 마음도 반응하고 기뻐하듯이 말입니다. 그림이나 음악, 영화, 문학 등 예술 작품을 접하는 것은 팍팍한 삶에서 숨 쉬는 시간을 갖는 것입니다. 아마도 이런 것들이 없다면 살기가 매우 어려워지겠죠.

　음악은 우리에게 이곳에 머물러 있으라고 말하지 않고 우리의 정신과 마음을 자유롭게 하라고 말을 건넵니다. 뜻대로 되지 않아 힘이 들 때 잠시 숨을 쉬어 보라고 말합니다. 저는 초조하고 답답하고 불안할 때면 음악을 듣습니다. 하루에 몇 곡이라도, 잠시라도 시간을 내어 음악을 들으면 그것은 우리 몸에 신선한 공기를 공급해 주는 것과 같아요. 그러면 하루의 나머지 시간도 웃으며 버틸 수 있는 힘을 얻을 수 있어요.　힘든 일에 지칠 때, 혹은 사람들 속에서 잠시 벗어나 숨을 쉬고 싶을 때 잠시라도 음악을 들으세요. 그러면 여러분의 마음에 평화가 찾아올 겁니다.

시간과 공간을 뛰어넘어

음악은 귀를 통해 우리의 뇌로 전해집니다. 그런데 단지 음악을 듣기만 할 뿐인데도 우리는 시간과 공간을 이동해서 순식간에 멀리 갈 수도 있어요. 음악에 관한 저의 첫 번째 기억의 장소는 엄마의 노랫소리가 흘러나오던 재봉틀 아래입니다. 엄마는 늘 재봉틀에 앉아 옷감을 손질하면서 노래를 흥얼거리는 습관이 있었어요. 주로 '산타루치아' 같은 가곡이나 '가슴속에 스며드는'으로 시작하는 패티 김의 노래 등을 즐겨 부르셨어요.

제가 재봉틀의 높이보다도 키가 작을 무렵이었어요. 저는 온 집안을 휘저으며 놀다가도 엄마가 밖으로 나가려고 조심스레 일어나면 금방 알아채고 엄마 쪽으로 휙 돌아보곤 했답니다. 모든 아이가 그러하듯이 저 역시 엄마가 시야에서 사라지는 것을 몹시도 싫어했던 거죠. 그러다 엄마가 노래를 부르기 시작하면 다시 놀이에 열중했습니다. 그렇게 방바닥에 주저앉아 장난치고 놀면서 한참을 보냈다고 해요. 가끔 엄마 쪽을 쳐다보면 엄마 얼굴은 보이지 않고 드르드륵 재봉틀 페달을 밟는 엄마의 발만 보였어요. 그 페달 소리는 지금도 귓가에 생생히 떠오르는 유년 시절의 가장 익숙한 소리입니다. 그리고 재봉틀이 잠깐 멈추는 그 사이에 엄마의 노랫소리가 들립니다.

"창공에 빛난 별 물 위에 어리어 바람은 고요히 불어오누나 내 배는 살같이 바다를 지난다 산타루치아 산타루치아."

재봉틀 밟는 소리와 그 사이 새어 나오는 엄마의 노랫소리. 엄마는 제가 어른이 다 돼서까지 일하면서 노래 부르기를 멈춘 적이 없습니다. 지금은 자주 들을 기회가 없지만 엄마가 노래를 부르기 시작하면 '창공에 빛난 별 물 위에 어리어 바람은 고요히 불어오는' 그 세계, 페달을 밟던 엄마의 발을 보며 장난감 가지고 하루 종일 놀던 그 아늑한 세계로 돌아갈 수 있을 것 같아요. 그것은 제게는 절대적인 안정감의 세계, 포근함의 세계로 남아 있어요. 언제 어디서든 그 음악을 듣게 되면 저는 유년 시절의 재봉틀 아래에서 노래를 듣던 그 순간으로 돌아갑니다.

음악은 시간을 건너뛰기도 하지만 아주 먼 공간을 표현하기도 합니다. 혹시 여러분은 음악을 듣는 도중에 공간이 무한히 확대되는 것 같은 경험을 해 본 적이 있나요. 단순히 귀로 음악을 들었을 뿐인데 아주 멀리 떨어져 있는 우주 공간을 직접 눈으로 보는 것 같은 느낌이 떠오른 적은 없나요.

1969년 7월 20일 전 세계인이 텔레비전으로 지켜보는 가운데 미국의 우주선 아폴로 11호가 인류 역사상 처음으로 달에 착륙합니다. 인간의 발자국이 처음으로 달의 표면에 찍힌 날이었죠. 하얀 우주복을 입고 달 표면에서 유영하듯 걸어가는 우주인의 사진이나 영상을 본 적이 있을 거예요. 이 역사적인 사건을 놓치지 않은 음악가가 있었어요. 바로 영국의 세계적인 록스타 데이비드 보위입니다. 그는 인간이 처음으로 달에 착륙하는 것에 맞춰서 음악을 발표했는데 그 곡의 제목이 'Space Oddity'입니다.

이 곡에서 데이비드 보위는 홀로 우주 비행에 나선 톰 소령과 지상의 관제소와의 교신 내용을 실감 나게 담았어요. 로켓 발사 카운트다운부터 비행사가 우주에 떠다니는 모습까지 생생히 묘사한 곡이라서 잠시 가사를 살펴봐도 좋을 것 같아요. 가사는 지구의 관제소와 우주로 떠난 톰 소령이 서로에게 하는 말을 한 번씩 번갈아서 보여 줍니다. 먼저 관제소에서 톰 소령에게 말을 겁니다.

Ground Control to Major Tom

지상 관제소에서 톰 소령에게 말합니다

Take your protein pills and put your helmet on

단백질 알약을 복용하고 헬멧을 착용하십시오

Commencing countdown, engines on

카운트다운을 시작합니다, 이제 엔진을 켭니다

Check ignition and may God's love be with you

점화가 되었는지 확인합니다, 신의 가호가 함께하길

Ten, Nine, Eight, Seven, Six, Five, Four, Three, Two, One, Liftoff

10, 9, 8, 7. 6. 5, 4, 3, 2, 1. 발사

This is Ground Control to Major Tom

여기는 지상 관제소, 톰 소령에게 전합니다

You've really made the grade

당신은 정말 멋지게 해냈습니다

And the papers want to know whose shirts you wear

이제 기자들이 당신이 어느 셔츠를 입고 있는지 알고 싶어 합니다

Now it's time to leave the capsule if you dare

가능하다면 이제 우주선 캡슐에서 나와 볼 시간입니다

This is Major Tom to Ground Control

여기는 톰 소령, 지상 관제소에 전합니다

I'm stepping through the door

문을 나서고 있습니다

And I'm floating in a most peculiar way

나는 지금 매우 특이한 방식으로 떠다니고 있습니다

And the stars look very different today

그리고 오늘따라 별이 아주 다르게 보입니다

For here am I sitting in a tin can

왜냐하면 나는 여기 깡통 같은 우주선 안에 앉아 있으니까요

Far above the world

멀리 떨어져서 보니

Planet Earth is blue

지구는 푸르고

And there's nothing I can do

내가 할 수 있는 일은 아무것도 없습니다

Though I'm past one hundred thousand miles

아주 먼 곳을 지나왔지만

I'm feeling very still

매우 평온한 기분입니다

And I think my spaceship knows which way to go

그리고 내 생각에 우주선은 자신이 어디로 가야 하는지 아는 것 같아요

Tell my wife I love her very much, she knows

아내에게 많이 사랑한다고 전해주세요, 아내도 알 겁니다

Ground Control to Major Tom

지상 관제소에서 톰 소령에게 말합니다.

Your circuit's dead, there's something wrong

회로가 작동하지 않아요, 뭔가 잘못된 것 같습니다

Can you hear me, Major Tom?

내 소리가 들립니까, 톰 소령?

Here am I floating round my tin can

네 저는 여기 우주선 안을 떠다니고 있어요

Far above the Moon

달에서 멀리 떨어져서 보니

Planet Earth is blue

지구는 푸르고

And there's nothing I can do

내가 할 수 있는 일은 아무것도 없습니다

어떤가요. 우주에서 톰 소령에게 무슨 일이 벌어졌는지 떠올릴 수 있나요. 지구를 떠나 우주로 향하던 톰 소령은 우주선이 고장 나서 집으로 영영 돌아갈 수 없게 됩니다. 곡의 후반부 둘 간의 마지막 교신은 관제소가 우주선에 치명적인 문제가 발생했음을 톰 소령에게 알리는 내용입니다. 톰 소령도 우주선이 잘못되었다는 것을 깨닫지만 자신이 할 수 있는 일이 없음을 알고 우주 멀리 사라져 버리는 자신의 운명을 받아들이는 듯 보입니다.

데이비드 보위는 지상 관제소와 교신하는 장면에서는 담담하게 읊조리듯 노래하지만 우주선이 표류하는 장면에서는 멜로디가 높은 곳에서 시작돼 아래로 떨어지듯이 끝나면서 어디론가 멀리 떠나가는 듯한 느낌을 줍니다. 곡의 후반부 4분 30초부터 40여 초 동안 음악은 고장 난 우주선이 영영 우주의 미아가 되어 사라지는 것을 소리로 들려줍니다. 우주선이 지구와의 통신도 끊겨서 통제력을 잃고 점점 지구에서 멀어지는 모습을 데이비드 보위는 가사의 도움 없이 연주만으로 표현했어요. 연주에 귀 기울이고 있으면 우주선이 우주의 미아가 되어 떠가는 모습이 떠오릅니다. 음악을 듣고 있을 뿐인데 마치 영화처럼 풍경이 눈에 보입니다.

이 곡은 1969년 영국 BBC 방송국에서 달 착륙 장면을 생중계할 때 그 배경음악으로 사용됐어요. 그런데 가사에서는 우주로 떠난 톰 소령이 지구로 무사 귀환하지 못하잖아요. 그래서 데이비드 보위는 아폴로 11호 발사 당시의 인터뷰에서 방송국의 음악 담당자가 가사 내용을 잘 모르고 사용하지 않았을까 생각했다고 말했어요.

그로부터 시간이 한참 흐른 2015년에 '크리스 해드필드'라는 국제우주정거장(ISS) 선장은 실제 우주선 안을 배경으로 자신이 노래한 새로운 버전의 'Space Oddity'의 뮤직비디오를 공개했어요. 이 뮤직비디오는 유튜브 등 동영상 사이트에서 엄청난 인기를 얻었는데 이것은 크리스 해드필드가 실제 우주 비행사였기 때문입니다.

크리스 해드필드는 자신의 뮤직비디오에서 원곡의 가사를 조금 수정했어요. 왜일까요? 원곡에서는 우주선 고장으로 비행사가 끝내 지구로 돌아갈 수 없었기 때문이죠. 그래서 그가 실제로 탔던 소유즈 우주선은 지구에 무사히 귀환하는 장면으로 가사의 끝을 맺습니다. 그의 바람대로 소유즈 우주선은 우주여행을 마치고 무사히 지구로 귀환했습니다.

음악은 때로는 이렇게 지구로부터 멀리 떨어진 우주의 모습을 보여 주기도 합니다. 단지 가만히 음악을 듣는 것만으로도 순식간에 우주여행을 할 수 있어요.

감각은 서로 영향을 주고받는다

반대로, 보는 것이 달라지면 듣는 것, 음악이 달라지기도 해요. 제가 서울을 벗어나 제주 김녕이라는 조용한 마을에서 4년간 살 때의 일입니다. 서울에서는 막힘없이 먼 곳까지 시선이 한 번에 뻗어 나가기가 쉽지 않습니다. 하늘을 한번 보려고 해도 건물이나 전신주, 간판 등에 막혀 시선은 멀리 나아가지 못하죠. 그러나 제주 김녕은 아직 개발이 많이 되지 않은 곳이었어요. 그래서 높은 건물이나 음식점의 간판 등이 시선을 가리는 일이 거의 없습니다. 제가 지내던 숙소 바로 건너편이 해변이라 아침에 눈을 뜨면 바로 김녕 앞바다와 그 위에 펼쳐진 드넓은 하늘이 보였어요. 시야를 방해하는 것 하나 없이 깨끗하고 맑은 풍경이었습니다.

그렇게 매일매일 넓은 바다와 하늘을 보다 보니 예상하지 못한 변화가 저에게 일어났어요. 평소 좋아하던 비트가 강한 록 음악이 예전만큼 잘 와 닿지 않고 너무 거칠게 들리기 시작했어요. 필요 이상으로 너무 많은 소리가 있는 것 같았고 주위 풍경과도 어울리지 않고 겉도는 것 같았습니다. 저는 차츰 소리가 많이 들어 있지 않은 음악을 찾기 시작했어요.

그렇게 듣는 음악이 점점 달라지다 보니 제가 만드는 음악에도 변화가 일어나기 시작했어요. 저는 20년 넘게 록 음악을 해 왔고, 주로 비트가 강하고 거친 사운드의 음악을 만들어 왔거든요. 서울에서 만든 음악에 비해 김녕에서 만든 음악은 비트도 약해지고 노래 목소리도 부드럽게 바뀌었어요. 음악이 제가 매일 보는 풍경을 닮아 가고 있었던 거예요. 어떤 날은 하늘만 하루 종일 쳐다보면서 기타를 치고 음악을 만들기도 했습니다. 이 경험은 꽤나 강렬했어요. 매일 보는 것이 달라지면 소리가 바뀌기도 한다는 것을 알게 되었어요. 감각은 이처럼 서로 영향을 주고받습니다.

많은 경우 우리는 결국 우리의 감각으로 느끼는 것이 세계 전체인 것처럼 판단합니다. 자기 경험과 자기 감각 너머에 새롭고 놀라운 세계가 있다는 것을 알지 못합니다. 자기 감각의 범위가 곧 우주의 끝인 거죠. 그러나 깜깜해 보이는 어두운 밤하늘에도 반짝이는 수많은 별이 있음을 알고 있듯이 우리의 익숙한 감각의 끝 너머에도 넓은 세계가 있답니다. 많은 예술가가 오랜 세월 동안 밤을 노래한 덕분에 우리는 밤이 단순히 빛이 사라진 암흑의 세계가 아니라 어둠에도 그 나름의 감탄스러운 모습이 숨겨져 있음을 알게 되었어요. 우리가 진정으로 두려워해야 할 어둠은 아마도 자신의 감각 외의 세계에는 아무것도 없다고 믿는 무감각의 세계일지도 모릅니다. 즉 진정한 어둠은 우리 자신이 깨뜨리고 넘어가야 할 무지와 무감각의 세계라는 것이지요.

마음의 치유제, 음악

"음악과 리듬은 영혼의 비밀스러운 장소에 도달한다"

1970년 음악의 도시로 유명한 오스트리아의 빈에서 '세계 자장가 대회'라는 이색적인 행사가 열렸습니다. 전 세계에서 참가한 각국 대표들이 자국의 자장가를 불러서 아이들을 빨리 잠재우는 대회였어요. 그런데 슈베르트나 브람스의 자장가 등 세계적으로 유명한 자장가들을 제치고 우리나라의 한 할머니가 부른 자장가가 1등을 차지했습니다.

"자장자장 우리 아기 잘도 잔다 우리 아기 검둥개야 짖지 마라 우리 아기 잠 깰라."

이 자장가 소리에 얼마 지나지도 않아 세계 여러 나라의 아이들이 모두 잠들었어요. 4박자가 끊임없이 반복되는 우리나라의 자장가는 엄마 배 속에서 듣던 심장박동 소리와 비슷합니다. 높낮이 폭도 크지 않아서 아이들이 편안하게 느꼈던 것이죠.

지금은 기억 못 하겠지만 여러분도 어릴 적 누군가가 낮게 불러주던 자장가를 들으며 깊은 잠의 바다에 빠지곤 했을 것입니다. 아무리 깜깜한 밤 어둠 속에서도 자장가 소리는 아이들의 귀에 전달되고 아이들은 그 소리를 들으며 심리적인 안정감을 느끼는 것이죠.

아이를 키워 본 사람들이라면 밤늦게까지 잠들지 못하는 아기를 위해 쉼 없이 자장가를 불러 준 경험이 있을 거예요. 어떤 사람들은 아기에게 노래를 불러 주고 있으면 자신들도 마음이 편해지면서 행복한 어린 시절이 떠오른다고 해요. 일정한 리듬으로 반복되는 낮고 편안한 선율의 자장가 소리는 그만큼 긴장을 이완시키고 여유를 갖도록 도와줍니다. 자장가는 생명이 탄생되는 순간부터 우리 모두가 들어온 음악입니다.

아기가 태어나면 누가 가르쳐 주지 않았어도 엄마는 아기에게 노래하듯이 말합니다. 딱딱하고 건조한 톤으로 말하는 것보다 리드미컬하게 음악적인 요소를 섞어서 말을 거는 것이 아이의 정서적 발달과 안정에 좋다는 사실을 엄마들은 본능적으로 알고 있는 것이죠. 아이들도 엄마들이 노래하듯이 말할 때 훨씬 더 오래 엄마에게 집중합니다. 가사의 뜻도 모르고 듣지만 불안한 마음이 사라지고 엄마도 아기도 정신적 일체감을 느껴 심리적으로 안정된 상태가 됩니다.

어떻게 이런 일이 가능할까요. 고대 그리스의 철학자 플라톤의 말에서 그 해답을 찾을 수 있어요. "음악과 리듬은 영혼의 비밀스러운 장소에 도달한다." 이 말은 음악은 우리가 느끼지 못하는 사이에 그것을 듣고 있는 우리 마음 깊숙한 곳까지 침투해 영향을 준다는 뜻입니다.

같은 음악을 함께 듣는 것만으로도

스무 살 무렵 봄에 교통사고를 당해 몇 달간 병원에서 지낸 적이 있었어요. 어느 날, 병실 문을 열고 어릴 적 친구 한 명이 불쑥 들어왔어요. 사고 이후 처음으로 병문안을 온 친구는 어깨에 전기기타를 메고 있었어요. 저를 위로해 주고 싶어 피자집에서 일하고 받은 월급의 상당 부분을 떼어 기타를 사 온 것이었습니다. 저는 그 무렵 이미 음악에 푹 빠져 있었던 터라 정말 뛸 듯이 기뻤습니다. 저는 친구와 기쁘게 포옹했고 저의 새 기타와는 더욱더 기쁘게 포옹했어요.

친구 덕분에 틈틈이 기타를 치면서 정형외과 입원 치료를 잘 마칠 수 있었습니다. 그리고 저는 퇴원 후에 재활의학과로 통원 치료를 다니게 되었어요. 계단과 경사로 등 여러 코스를 걸으면서 걷기 훈련을 하는 프로그램이었습니다. 저는 훈련 시간 틈틈이 병원의 끝에 있는 긴 경사로 쪽으로 가서 사람이 뜸할 때 조용조용 기타를 치곤 했어요.

그러던 어느 날, 여느 때처럼 의자에 앉아 조용히 기타를 치고 있는데 재활 환자들이 한 명 두 명 제 쪽으로 오는 것이었어요. 그렇게 조용히 제 기타 소리를 듣다가 가는 사람들이 점차 세 명, 네 명으로 불어나기 시작했어요. 휠체어를 타고 오는 분들도 있었고 목발을 짚고 오는 분도 있었고 그분들의 보호자들도 있었습니다. 어떤 날은 열 명 안팎의 사람들이 모이기도 했어요.

지금 생각해 보면 당시에는 지루한 병원 생활에 재미를 느낄 만한 것이 별로 없어서 그랬던 것 같아요. 어쨌든 그렇게 해서 재활병원에서의 '미니 콘서트'가 시작되었습니다. 사람들이 모이면 제가 당시 연습하던 간단한 클래식 기타 연주곡을 들려주다 나중에는 저는 기타를 치고 그분들이 팝이나 가요 등을 노래하는 형식으로 점점 바뀌었죠. 사람들이 열 명 안팎까지 모이자 우리는 재활병원 1층 로비 건너편에 있는 야외 벤치로 자리를 옮겼어요. 병원에서 너무 시끄러우면 안 되니 최대한 인적이 없는 곳으로 옮겨 다녔습니다. 기타를 메고 제가 맨 앞에 가면 그 뒤로 여러 환자들이 휠체어 등을 타고 줄줄이 따라갑니다. 마치 피리 부는 사나이 같았어요.

저보다 오랜 기간 치료를 받던 환자는 "몇 달간의 병원 생활에서 요즈음이 가장 즐거운 기분이야."라고 말했어요. 어떤 환자는 "통원 치료 받고 집으로 돌아가면 훈련하느라 힘든 기억보다 기타 치고 함께 노래했던 게 더 생각나."라고 했어요.

그렇게 우리의 작은 콘서트는 제가 통원 치료를 다 마칠 때까지 계속되었어요. 저에게도 음악과 함께했던 그 시간은 병원 생활을 통틀어 가장 따뜻하고 좋은 추억으로 남아 있습니다. 그때를 돌이켜 보면 함께 음악을 듣고 함께 노래를 부르면서 음악이 주는 치유를 다 같이 받은 게 아니었을까 하는 생각이 듭니다.

최근의 연구에 의하면 음악을 다른 사람과 함께 연주하면 연주에 참여하는 사람들의 뇌파가 서로 비슷해진다고 합니다. 같은 곡을 듣는 것만으로도 서로의 뇌파가 비슷하게 닮기 시작해서 함께 연주할 때 그 닮는 정도가 최대치에 이른다고 해요. 이 유대감과 친밀감은 연주에 깊이 몰입할수록 더 강해집니다. 저 역시 무대 위에서 몰입해서 연주하다 보면 관객들과 한 몸처럼 감정을 공유하고 있다는 느낌을 받을 때가 있습니다. 이렇게 같은 음악을 함께 듣는 것만으로도 나와 다른 사람의 벽은 낮아지고 서로에 대한 공감과 신뢰는 커집니다.

혼자만의 음악 듣기

함께 듣기가 아닌 혼자만의 음악 듣기는 어떨까요? 여러분은 음악을 들을 때 어떤 방법을 사용하나요? 아마도 대부분의 사람들이 휴대전화로 음악을 들을 것 같아요. 길을 걸을 때도 차 안에서도 도서관에서도 항상 곁에 둘 수 있으니까요. 제가 어렸을 적은 휴대 가능한 음향 기기가 이제 막 나오기 시작할 때였어요. 소니의 워크맨이나 삼성의 마이마이 같은 카세트테이프 재생기가 처음으로 나와 걸어다니면서도 음악을 들을 수 있게 된 것이죠. 그 전에는 집 안이나 어떤 장소에 고정된 형태로만 음악을 들을 수 있었어요. 왜냐하면 전기

공급이 되는 곳에서만 음향 장비를 사용할 수 있었기 때문입니다.

음악을 녹음해서 듣게 된 역사도 그리 길지 않답니다. 19세기 말 비슷한 시기에 유럽과 미국에서 축음기가 발명되기 전에는 음악은 누군가 실제로 연주하고 노래하는 것을 들을 수밖에 없었어요. 그 장소에서 연주되는 순간에 듣지 않으면 음악은 공기 중으로 사라져 버려서 시간이 지나면 들을 수 없었습니다. 축음기가 발명되기 전까지 인류는 음악을 오직 라이브로만 들을 수 있었어요.

오늘날처럼 시간과 장소에 구애받지 않고 혼자 음악을 들을 수 있다는 것은 어떤 의미가 있을까요. 물론 조용히 음악을 즐기는 것도 있겠지만 한편으로는 우리의 감각을 외부로부터 차단하는 역할을 해요. 즉 듣고 싶지 않은 이야기와 소음으로부터 자신을 차단하는 것입니다. 지하철이나 버스 안에서 이어폰이나 헤드폰을 끼고 있는 사람들을 보면 어쩐지 쓸쓸한 기분이 드는 것도 아마 이 때문일 겁니다. "나는 세계와의 연결점을 없앴어. 무슨 말인지 알겠니. 내게 말을 걸지 말란 뜻이야. 나는 지금 아무 얘기도 듣고 싶지 않아."라고 말하는 것 같아서요.

듣지 않고 감각을 열어 놓지 않으면 자신의 좁은 세계에 평생 머물러 있게 된다는 걸 모르는 사람은 없어요. 그런데 왜 많은 사람들은 그렇게 자신을 다른 사람에게서 차단할까요.

사실 살다 보면 내가 숨 쉴 수 있는 환경을 나 스스로 만들어야 할 때도 분명히 생깁니다. 사람들이 혼자서 음악을 듣는 상황을 만들고 싶어 한다는 것은 그만큼 세상에 강제로 주어지는 소리의 폭력들이 아주 많다는 뜻이기도 해요. 일단 소리가 들리기 시작하면 청각을 차단하지 않는 한 우린 무조건 들어야 해요. 어떤 소리들을 듣기 싫어도 들어야 하는 상황은 실제로 우리에게 큰 고통을 줍니다.

예를 들어 조용히 있고 싶은 순간에 원하지 않는 음악이 큰 소리로 쏟아져 나올 때가 그렇습니다. 혹은 지친 하루를 마치고 조용히 차창 밖으로 펼쳐지는 풍경들을 보며 평온한 상태를 즐기고 싶을 때 터져 나오는 옆 사람들의 수다 역시 몹시 고통스럽습니다. 그래서 때로는 적극적으로 자신의 감정과 감성을 지켜 나가는 것이 필요할 때가 있어요. 우리는 쉬면서 다시 일상으로 돌아갈 힘을 얻기 때문이죠.

누군가에게 개인적인 음악 듣기가 사회와 대화하기를 거부하는 단절의 몸짓으로 보일 수 있겠지만 무차별적으로 쏟아지는 감각의 홍수 속에서 우리를 지켜 나가는 수단으로 이해되어야 할 부분도 있답니다.

상대와의 대화가 필요하다면 감각을 열고 온 마음을 집중해서 들어야 합니다. 그러나 마음의 고요한 평화와 쉼이 필요할 때는 조용히 개인적으로 음악을 듣는 시간도 필요합니다. 아, 물론 안전을 잊어선 안 되겠죠. 다가오는 차량이나 사람들을 인지하지 못할 정도로 볼륨을 너무 크게 해서는 사고를 당할 수 있으니 조심해야 합니다.

감정은 변화의 핵심이다

우리는 이성을 감성보다 중시하는 세계에서 살아왔어요. 부모님도 선생님도 직장 상사도 "정신 똑바로 차리고 공부에 집중해라.", "그런 쓸데없는 데 마음 뺏기지 말고 하던 일이나 해라.", "지금 니 기분이 뭐가 중요해."와 같은 말들을 너무 쉽게 합니다.

그러나 감정은 이성과 행동 못지않게 중요합니다. 우리가 번번이 계획을 세우고도 금방 포기하고 지쳐 버리는 것은 감정의 역할을 과소평가했기 때문입니다. 마음이 움직이지 않으면 아무리 좋은 말도 거부하게 되고 한번 마음이 동하면 하지 말라고 해도 기어코 합니다. 감정이 우리에게 얼마나 큰 영향을 미치는지를 보여 주는 예입니다.

감정의 존재를 인정하고 감정을 중요하게 다룰 때 비로소 우리 마음속에는 어떤 행동을 해야 하는 이유가 생깁니다. 즉 이성이 아무리 올바르고 중요한 일이라고 설득해도 감정이 이 모든 것들에 부정적이라면 우리는 어떤 계획도 지속적으로 끌고 갈 수가 없어요. 그러니 감정이야말로 변화의 핵심인 것이죠.

우리는 부정적인 감정을 잘 다루지 못해서 남에게도 자신에게도 고통을 주는 경우를 자주 접합니다. 슬픔, 분노, 우울 같은 부정적인 감정은 적절히 해결하지 못하면 사라진 것 같다가도 어느 순간 느닷

없이 튀어나와 우리를 괴롭게 합니다.

감정의 역할이 무척 크다는 것을 인정하고 소중하게 잘 다뤄야 한다는 것을 기억해 주세요. 감정을 어루만져 주는 게 필요할 때 음악을 적절히 사용해 보세요. 감정을 인정하고 친구 대하듯 사이좋게 지낼 때 감정은 우리에게 긍정적인 역할을 해 주고 우리를 응원해 줄 것입니다. 음악을 듣는 것은 우리와 감정 사이에 다리 하나를 놓는 것과 같습니다.

사랑니와 음악

얼마 전에 저는 사랑니를 뽑으러 병원에 갔어요. 사랑니를 뽑는 것은 처음이어서 조금 긴장되었습니다. 사랑니를 뽑기 위해서는 치과용 드릴로 한참 잘게 부수고 난 후에야 겨우 뺄 수 있다는 얘기를 들었거든요. 잔뜩 긴장한 채로 병원에 들어서니 낮은 볼륨으로 클래식 피아노 연주곡들이 흘러나오고 있었어요.

저는 간호사의 안내에 따라 치료용 의자에 앉아 잇몸 마취를 하고 제 순서가 되기를 기다렸습니다. 느리고 차분한 박자의 부드러운 음악에 귀를 기울이며 기다리고 있었더니 긴장이 슬슬 풀어지는 것을 느낄 수 있었습니다. 그렇게 한참을 있다 보니 졸음이 오기까지 했어요. 결국 걱정했던 것보다는 훨씬 편안한 상태에서 수월하게 사랑니를 뽑을 수 있었어요. 잔잔히 흐르는 음악 소리에 몸과 마음도 이완되어서 '치과 병원에 왔으니 별일 없을 거야.'라는 마음 상태가 된 것이에요. 아마 음악 없이 조용한 가운데 윙윙거리는 치료 기계 소리만 들렸다면 훨씬 긴장했을 게 분명해요.

적막한 가운데 다른 사람들이 치료받는 소리를 들으며 진료를 기다리는 것은 그렇지 않아도 긴장한 사람들에게 불안감과 걱정을 더하는 일이 될 수 있습니다. 그렇기 때문에 저는 병원에서 음악을 더욱 적극적으로 활용할 필요가 있다고 생각해요. 음악을 듣는 동안은 우리 뇌도 이완되고 음악의 선율이나 박자를 따라가다 보면 자연스레 불안감도 줄어들거든요. 단 너무 자극적이거나 시끄러운 음악은 곤란하겠지요. 사람들이 각자 좋아하는 음악을 선정해서 이어폰이나 헤드폰으로 들을 수 있다면 더더욱 효과가 좋을 것 같아요. 음악치료의 가장 좋은 점은 자신이 좋아하는 음악을 골라 들으며 스스로 몸의 회복을 도울 수 있다는 것입니다.

그런데 왜 음악은 그저 듣는 것만으로도 마음과 몸에 변화를 만들어 내는 것일까요. 바로 우리의 청각이 뇌에서 인간의 기본적인 반응과 감정을 관장하는 '대뇌변연계'라는 부위에 직접적으로 연결되어 있기 때문이에요. 대뇌변연계는 인간의 뇌에서 생명 보존을 위한 본능적인 행동과 감정을 담당한다고 합니다.

그런데 우리 인간의 감각 중에서 청각만이 대뇌변연계에 직접적으로 연결이 되어 있어요. 그래서 눈은 아직 잠에 취해 감겨 있을 때에도 엄마가 나를 부르는 소리를 들을 수 있는 거예요. 깊은 잠이 들었을 때에도 위험을 파악하는 생존에 직결되는 역할을 청각이 담당하는 것이죠.

이 대뇌변연계라고 하는 부위에서는 도파민, 세로토닌, 옥시토신과 같은 호르몬이 분비됩니다. 우리의 기분을 관장하는 이런 호르몬들은 예를 들어 맛있는 음식을 먹거나 좋아하는 사람과 함께 있을 때 분비가 되어 행복감, 유대감, 따듯함, 안정감 같은 기분을 느끼게 해 줍니다. 이런 감정들을 조절하고 행동을 결정하는 대뇌변연계에 청각이 직접적으로 연결되어 있기 때문에 우리가 그토록 음악을 자주 곁에 두는 것인지도 모르겠어요. 맛있는 음식을 먹거나 친구와 우정을 나누거나 사랑하는 연인과 함께 있을 때 분비되는 호르몬과 정확히 같은 호르몬이 음악을 듣는 것만으로도 우리 뇌에서 분비가 됩니다. 그래서 음악은 어느 장르의 예술보다도 빠르고 강렬하게 우리의 감정과 뇌에 도달할 수 있는 겁니다.

이뿐 아니라 음악 감상을 하고 있으면 우리 몸에 면역글로불린 A(IgA)의 수치도 올라갑니다. 이 면역글로불린은 감기나 독감같이 우리 몸에 이물질이 침입했을 때 맞서 싸우거나 우리 몸을 방어하는 역할을 합니다. 이렇게 음악은 우리가 모르는 사이 우리 신체를 건강하게 하는 데에도 도움을 준다니 놀랍지 않나요.

사라예보의 첼리스트

1992년 보스니아 내전이 일어난 사라예보에서 있었던 일입니다. 어느 날 지치고 굶주린 시민들이 빵을 얻기 위해 한 제과점 앞에 길게 줄 서 있었습니다. 그런데 길게 늘어선 행렬 사이로 적의 포탄이 떨어져 22명의 사람들이 그 자리에서 모두 죽는 비극적인 사건이 일어났습니다. 그런데 그다음 날 완전히 폐허가 된 그 거리에 어떤 남자가 홀로 첼로를 들고 나타났어요. 그는 비극의 현장을 목격하고 큰 충격을 받았지만, 죽은 자들을 위로하고 전쟁의 참상을 세계에 알리고자 했어요. 그래서 그 비극의 자리에서 첼로를 연주하기로 마음먹었습니다.

그 남자의 이름은 베드란 스마일로비치였습니다. 그는 전쟁 전까지 사라예보 현악 4중주단의 첼리스트로 활동했어요. 부서진 건물 터에 앉은 그가 첼로를 꺼내는 순간 사방에 있는 적군의 저격수들이 그를 향해 총구를 겨누었습니다. 그러나 바로 그때 스마일로비치는 알비노니의 '아다지오 G단조'를 연주하기 시작했어요. 그런데 그 연주 소리를 듣던 저격수들은 하나둘 총구를 거두었습니다. 목숨을 내놓고 연주하는 이 첼리스트를 차마 저격하지는 못했던 것입니다.

시민들은 두려움에 질린 채, 집 안에서 커튼 사이로 연주를 지켜보고 있었습니다. 그렇게 시작된 연주는 폭탄 공격에 희생된 22명을

기리기 위해 22일간 매일같이 계속됐어요. 죽음을 무릅쓴 그의 연주는 곧 전 세계에 알려져 많은 사람들이 보스니아 전쟁의 참상을 알게 되는 계기가 되었어요. 영국의 작곡가 데이비드 와일드도 이 소식을 듣고서 '사라예보의 첼리스트'라는 곡을 만들었습니다. 전쟁으로 죽은 사람들을 위로하고 고통에 신음하던 사람들에게 희망을 전해 준 스마일로비치에게 존경을 표하며 바치는 곡이었지요.

몇 년 후 어느 음악 페스티벌에서 세계적인 첼로 연주자인 요요마가 바로 이 곡을 연주했습니다. 객석에 있는 모두가 숨죽여 그의 연주를 경청했습니다. 그 역시 그 어느 때보다 몰입하여 혼신의 연주를 했습니다. 그러나 연주를 끝마치고도 요요마는 여전히 고개를 숙인 채 앉아 있었고, 활을 든 그의 손도 그렇게 첼로에 여전히 놓여 있었어요. 모두가 침묵에 잠긴 짧은 시간이 지난 후 요요마는 자리에서 일어나 객석에 있는 누군가를 손짓으로 불렀습니다. 청중 속에 있던 그 남자는 다가와 요요마와 반갑게 포옹을 했어요. 길게 자란 머리와 수염, 주름진 얼굴을 한 그는 바로 베드란 스마일로비치였습니다. 그렇게 두 사람은 눈물을 흘리며 부둥켜안았어요. 물론 공연장에 있던 사람들 모두가 일어나 감동의 박수를 치며 환호했어요.

우리의 남북한 관계만큼이나 비극적인 보스니아 내전 한복판에서 한 첼리스트는 목숨을 걸고 22일간 연주했습니다. 그의 연주는 절망한 사람들의 가슴속에 삶에 대한 열망을 다시 불러일으켰어요. 사람들은 저격수들과 포탄의 위협을 피해 숨어서 그의 연주를 들으며 슬픔을 달래고 희망을 조금씩 살려 갔습니다. 매일 가족이나 친구 혹은 이웃이 죽어 나가는 것을 지켜보아야 했던 사람들에게 그의 연주는 어떻게든 살려야 하는 희망과 용기 그 자체였기 때문입니다. 그들이 폐허 속에서 듣는 첼로 소리는 전쟁의 포탄 소리 사이로 들리는 평화의 소리였어요. 마침내 이것은 전 세계 많은 사람들에게 알려져서 그들의 공감과 지지 속에 전쟁을 끝낼 수 있는 하나의 계기가 되었습니다.

슬플 때는 자기 자신이 다른 사람들로부터 떨어져 혼자인 것처럼 느껴집니다. 아무도 자신을 이해하려 하지 않는다고 느낍니다. 그럴 때 즐거운 음악을 들으면 외로움이 더 크게 느껴져 오히려 슬픈 감정이 더 커질 수 있어요. 그러나 슬플 때 슬픈 음악을 들으면 위로받는 기분을 느낄 수 있습니다. 음악을 통해 우리는 나 혼자만 이것을 겪은 것이 아니라고 느끼며 차츰 슬픈 감정에서 벗어날 수 있습니다. 그러고 나서 조금씩 음악의 분위기를 기분에 맞게 바꿔 가면 우리의 마음도 점점 밝아집니다. 그렇게 할 때 우리는 음악을 듣지 않을 때보다 더 효과적으로 감정을 조절할 수 있게 됩니다.

우리는 사람과의 관계 안에서 살아갑니다. 그리고 그 관계에서 받은 슬픔이나 상처들을 부득이하게 혼자 이겨 내야 하는 경우도 자주 있습니다. 저는 그럴 때 음악이 바로 가장 가까운 곳에서 여러분과 함께할 것이라고 말해 주고 싶어요. 음악은 우리가 굳이 말을 걸지 않고도 아름다운 소리로 우리의 영혼 깊이 따듯한 위로를 건네줍니다. 그러니 힘들 때도 기쁠 때도 슬플 때도 음악을 적극적으로 활용해 보세요. 저 자신도 음악으로 많은 힘을 얻을 수 있었기에 이 글을 읽는 여러분도 음악으로부터 따뜻한 위로를 받을 수 있기를 바랍니다.

잘 들으려 하면
들을 수 있다

귀 기울여 듣기가 만들어 낸 사건

1984년 11월의 어느 날, 영국의 밴드 붐타운 랫츠의 리더 밥 겔도프는 갓난아기 딸을 안고 집에서 텔레비전을 보고 있었어요. 영국 BBC 채널에서 이디오피아의 참담한 기아 난민의 모습이 방영되고 있었습니다. 너무도 굶주려서 팔을 들어 올릴 힘도 없이 카메라를 응시하는 사람들, 뼈밖에 안 남은 몸으로 큰 눈만 깜빡이는 그들. 밥 겔도프는 그들의 절규 소리가 마치 귀에 들리는 듯 했어요. 그는 그의 내면에서 점차로 크게 울려 퍼지는 그들의 외침소리를 외면하지 못했습니다.

'나는 모르고 있었다. 내가 하루를 편히 마감하는 오늘 저녁에도 지구의 다른 곳에서 사람들이 굶주려 죽어 가는 것을.' 그날 그가 본 것은 물 한 모금을 마시지 못해 죽어가는 3,000만 아프리카인들의 모습이었습니다. '음악으로 저들을 도울 방법을 찾아보자.' 그는 진심으로 타인의 고통을 느낄 줄 아는 사람이었기에 그의 이런 결심은 주위의 음악 동료들을 움직일 수 있었어요.

며칠 후 11월 24일 영국의 수도 런던에서 역사적인 광경이 벌어지게 됩니다. 당대에 영국을 대표하는 슈퍼스타들이 밴드 에이드 (Band Aid)를 결성해 모두 한자리에 모였어요. 컬처 클럽, 듀란듀란, 조지 마이클, 스팅, 필 콜린스, 유투 등 36명의 뮤지션들이 자선음반을 만들어 아프리카의 기아 난민들을 돕기 위해 노팅 힐에 있는 스튜디오로 온 거예요.

이렇게 해서 탄생된 밴드 에이드는 'Do they know it's christmas?'라는 곡을 함께 녹음해 세상에 발표합니다. 곧 있을 크리스마스 시즌, 전 세계가 사랑하는 사람들과 행복한 저녁을 맞이할 시간이지만 어떤 이들에게는 그런 크리스마스는 상상도 할 수 없다는 것을 알게 된 거죠. 그 같은 안타까움과 그들에 대한 우정의 마음을 담아 음악으로 표현한 것입니다.

이 노래는 발표되자마자 즉시 영국 차트 1위에 오르며 무려 3백만 장이 팔려 영국 팝 역사상 가장 단시간에 가장 많이 팔린 싱글로 기록되었어요. 게다가 이 노래의 수익금은 모두 기아에 허덕이는 이디오피아의 난민들에게 전달되었습니다. 더욱 중요한 것은 이를 도화선으로 아프리카의 기아를 몰아내자는 캠페인이 전 세계적으로 시작되었다는 것입니다.

그런데 'Do they know it's christmas?'가 미국 차트에도 등장하자 미국 가수들도 행동에 나섰습니다. 영국 가수들의 활약을 구경만 할 수 없었던 것이지요. 그 중에는 미국 팝 음악계의 원로가수 헤리

벨라폰테도 있었어요. 그의 제안에 프로듀서 퀸시 존스와 팝스타 마이클 잭슨, 라이오넬 리치 등 미국을 대표하는 45명의 스타들이 모여 자선그룹 아프리카를 위한 미국(USA for Africa)을 결성합니다. 그런데 문제는 전 세계를 날아다니며 바쁘게 활동하는 초대형 스타들을 어떻게 한자리에 모을 것인가였어요. 이때 누군가가 아이디어를 냈습니다. 바로 스타들이 대거 참석하는 미국 음악 시상식 '아메리칸 뮤직 어워즈'를 이용하자는 것이었습니다. 1985년 1월 28일 밤 10시, 시상식이 끝나면 수많은 뮤지션들과 관계자들이 밤새 파티를 하곤 했는데 이 날만은 달랐어요. 마이클 잭슨, 라이오넬 리치, 브루스 스프링스틴, 스티비 원더, 티나 터너, 다이애나 로스, 밥 딜런, 신디 로퍼 등 인기 절정의 스타들이 모여든 곳은 할리우드 A&M 녹음 스튜디오였습니다. 이들은 밤새 마이클 잭슨이 작사하고 라이오넬 리치가 작곡한 'we are the world'를 녹음했어요. 이 노래는 발표 직후 미국 차트에서 4주간이나 정상을 차지하며 무려 750만 장의 판매고를 올리게 됩니다. 그리고 드디어 그 해 7월 13일 영미의 팝스타들이 총출동한 최대의 자선 공연 라이브 에이드(Live Aid)가 영국과 미국에서 동시에 펼쳐졌어요. 당시 공연의 출연진들은 그야말로 세계 최정상의 뮤지션들로, 전 세계 음악팬들을 열광케 했어요. 퀸, 엘튼 존, 폴 매카트니, 밥 딜런, 데이빗 보위, 마돈나, 레드 재플린, 롤링 스톤스……. 이 날의 공연은 14대의 카메라로 촬영돼 전 세계에 위성 생중계되었고 150여 개 국의 약 20억 명의 사람들이 라이브 에이드 공연을 지켜보았습니다. 심지어 이 공연은 당시 이념 전쟁 중이던 소련과 중국 등 공산권 국가들에도 방영될 정도로 높은 관심을 끈 유사 이래 최대의 음악 이벤트였습니다.

그런데 이 놀라운 이야기의 끝은 여기가 아니에요. 놀랍게도 대서양을 사이에 두고 떨어져 있는 영국과 미국의 공연장에 그날 동시에 무대에 오른 인물이 있었던 겁니다. 그의 이름은 가수 필 콜린스였어요. 그는 영국에서 태어난 뮤지션으로 당시 미국에서도 인기가 높았던 때였습니다. 그는 라이브 에이드 행사에 모두 참석해 달라는 요청을 받고 고민 끝에 수락했어요. 공연이 열린 런던의 웸블리 구장과 뉴욕의 JFK 스타디움은 대서양이 가로막혀 있는 머나먼 곳이었어요. 그러나 그는 런던 라이브 에이드 공연을 마치자마자 10시간이 넘는 비행 끝에 뉴욕의 무대에 기적같이 참석합니다. 이렇게 해서 그는 24시간 안에 바다 건너 두 대륙에서 공연한 최초의 뮤지션이 됩니다. 그의 등장에 공연을 지켜보던 전 세계의 수많은 음악팬들이 열광한 것은 당연했습니다. 인터넷도, 스마트폰도 없던 시절에 당시 지구 인구의 약 40%에 달하는 어마어마한 숫자의 사람들이 공연을 함께 본 것입니다. 공연을 본 사람들이 기부한 모금액만 해도 총 1억 5,000만 파운드에 달했습니다.

이것은 음악으로 뮤지션들이 하나가 되어 세상을 감동시켰던 기적 같은 사건이었어요. 뮤지션들은 아프리카 인들이 온몸으로 보내는 절박한 호소를 귀 기울여 들은 것입니다. 그래서 그들은 자신들이 가장 잘 할 수 있는 음악으로 그 호소에 응답했어요. 제일 좋은 일은 이들의 호소를 전 세계에 있는 수많은 팬들이 함께 들었을 때 벌어졌습니다. 그들의 호응으로 기아에 허덕이던 수많은 아프리카 인들의 생명을 구할 수 있었으니까요. 그렇게 세계 각지에 있는 많은 사람들은 음악으로 개인도 인종도 국경선도 뛰어 넘어 갔어요. 한 사람이 누군가의 절박한 호소를 들었다는 것, 그리고 그 호소에 많은 동료들이 응답해서 음악을 만들었고, 그 음악을 수많은 사람들이 함께 들었다는 것. 귀 기울여 듣기가 이처럼 세계적인 사건을 만들어 냈던 것입니다.

수많은 개성과 대중음악

앞서 말했듯이 좋은 음악을 듣는 것은 우리를 숨 쉬게 합니다. 사람들이 음악 듣기를 얼마나 갈망하는지 말해 주는 사례가 있어서 하나 소개할까 해요. 지금의 러시아가 소련이었을 때의 이야기입니다. 당시 소련은 미국을 비롯한 서구 세계와 이념 전쟁을 극렬하게 치르고 있었어요. 그 무렵 소련에서는 비틀스를 비롯한 서구 세계의 음악을 불법으로 규정하고 자국민들이 들을 수 없게 금지했어요.

그러나 역사상 어느 나라도 음악을 끝내 금지하는 데 성공하지는 못했어요. 음악은 우리의 언어만큼이나 오랜 역사를 가지고 있는, 인간과 떼려야 뗄 수 없는 밀접한 관계이기 때문이죠. 당시 소련에서도 비틀스의 음악은 젊은이들 사이에 선풍적인 인기를 끌었는데 이를 공개적으로 들을 수 없게 되었으니 그들의 음악에 대한 갈증은 더더욱 커질 수밖에 없었어요.

외국에서 근무했던 군인이나 운동선수들이 소련으로 귀국할 때면 몰래 비틀스의 음반을 들여오기 위해 이런저런 방법을 쓰기도 했어요. 그러나 음반 대부분은 공항의 검색대를 통과하지 못하고 세관원에게 빼앗기기 일쑤였어요. 하지만 결국 전국의 젊은이에게 퍼져 나갔는데 그 과정이 참 재밌습니다.

당시 젊은이들은 룩셈부르크나 영국 등의 라디오 방송을 몰래 들었는데 방송 중에 비틀스 음악이 나오면 재빨리 녹음을 했다고 해요. 그렇게 녹음한 음악을 건강 검진할 때 찍는 엑스레이 필름 위에다 다시 덧입히는 방법으로 음반을 만든 거예요. 병원 등에서 쓰고 폐기한 엑스레이 필름들도 비틀스 음악을 녹음하는 데 사용되었다고 해요. 사람의 갈비뼈 등이 선명하게 촬영된 엑스레이 필름에 입혀진 비틀스 음악. 소련의 젊은이들은 그렇게 해서라도 비틀스의 음악을 듣고 싶었던 겁니다.

왜 사람들은 이렇게까지 기를 쓰고 음악을 들으려 했을까요. 아마도 그것은 좋은 음악을 들었을 때 우리 몸과 마음에서 어떤 일이 벌어지는지 그들은 이미 경험적으로 알고 있기 때문일지 몰라요.

대중음악은 모두가 잘 알고 있고 접근하기 쉬운 음악입니다. 대중음악은 지역이나 언어, 학력 같은 것하고는 무관하게 누구나 마음만 열면 쉽게 좋아할 수 있는 음악입니다. 최근에는 인터넷 등을 통해 전 세계로 급속도로 퍼지고 있는 음악이고 기본적으로 평범한 사람들을 위한 음악이라고도 할 수 있어요. 대중음악의 영역은 매우 다양하고 그 장르는 더욱더 세분화되어 가고 있어요. 개성이 발휘되는 음악 또한 점점 더 많아지고 있습니다. 즉 뮤지션의 개성 있는 세계가 점점 더 중요한 시대가 되었다는 것이죠.

대중음악을 한다는 것은 너와 내가 다르다고 하는 것이 결국은 매력이 됨을 느껴 가는 과정이라고도 볼 수 있습니다. 음악을 하면 할수록 장르로 음악의 우열을 나누지 않게 되는 것 같아요. 제가 그들과 다른 음악을 하고 있다고 해서 누가 저에게 "너는 틀렸어."라고 말하지 않습니다.

우리가 어떤 음악을 많이 듣는다는 것이 그 음악이 객관적으로 다른 장르보다 우위에 있음을 뜻하는 것은 아니랍니다. 위대한 대중음악가들이 자신들의 음악과 같은 장르가 아니라고 해서 다른 장르의 음악을 경시하고 배척하는 경우를 저는 알지 못합니다. 잘 모르는 음악도 깊은 울림을 준다면 고개를 끄덕이고 박수로 공감을 표합니다.

몇 년 전까지 사람들의 손가락질을 받던 음악 장르가 몇 년 후에는 많은 사람들이 즐겨 듣는 음악이 되기도 해요. 힙합이 그랬고 록 음악이 그랬어요. 모두 한때는 저속하고 수준이 낮다며 기성세대로부터 격렬한 비난을 받았던 음악들이었죠. 그러나 지금 돌이켜 보면 그 비난이 잘못되었다는 것을 모두 알게 됐어요. 내가 익숙한 문화와 다르다고 귀 막았던 많은 음악들이 결국은 멋진 음악이었다는 사실이 계속 증명되고 있잖아요.

　대중음악을 잘 듣는다는 것은 세상에 잣대가 하나가 아니라 무수히 많다는 것을 몸으로 익히는 과정입니다. 대중음악을 듣는다는 것은 수많은 개성을 존중하고 인정하는 길이기도 하다는 것을 잊지 마세요. 그래서 저는 대중음악은 나를 긍정하는 법을 배우는 과정이라고 생각해요. 여러 장르의 대중음악을 개성 있는 표현으로 인정하고 들을 때 우리는 점점 포용하는 나로 바뀌게 된다는 것도 기억해 주길 바랍니다. 내가 나의 개성을 발견하고 그것을 장점으로 생각하는 것. 내가 나인 것을 부끄러워하지 않는 것. 그래서 결국 타인의 개성도 역시 존중하게 되는 것. 그것이 대중음악을 들으면서 우리가 갖게 되는 내면의 힘이라고 생각합니다. 그렇게 길러진 내면의 힘으로 우리는 편견 없이 타인의 이야기를 들을 수도 있습니다.

멋진 연주를 하려면

밴드는 보통 적게는 2개에서 많으면 7~8개의 악기와 보컬이 만나서 함께 음악을 만들어 갑니다. 이렇게 여러 악기가 모여서 내는 소리가 음악이 되려면 아주 중요한 것이 하나 있어요. 연주를 하는 동안에 내 악기 소리만이 아니라 다른 악기들의 소리도 잘 들어야 한다는 것입니다. 즉 내 연주와 타인의 연주를 동시에 들을 때 좋은 음악을 연주할 수 있다는 것이에요.

누군가가 고음에서 전체 음악을 리드하는 연주나 노래를 하고 있다면 나의 연주는 그것에 방해되지 않으면서 곡에 필요한 음역대를 찾아서 가야 하는 것입니다. 마치 소리들이 함께 손을 잡고 추는 왈츠처럼, 같이 연주하는 악기들끼리 주고받는 흐름이 있어야 아름답고 조화로운 음악이 됩니다. 그래야 의도치 않은 불협화음을 피할 수 있습니다.

제가 밴드를 결성해서 공연을 하게 된 지 얼마 안 되었을 때의 일입니다. 공연 전에 그날 연주할 팀들은 리허설이라고 해서 미리 악기들의 볼륨 크기와 음색 등을 조절하고 점검하는 시간을 꼭 갖습니다. 저는 기타를 치고 있는데 기타 앰프(악기의 소리를 증폭시켜 주는 장비)의 볼륨은 0에서 10까지예요. 0이 가장 작은 볼륨이고 10이 가장 큰 볼륨입니다. 보통 기타 앰프의 소리 크기는 전체적인 음악의 조화를 고려해서 중간 크기를 넘지 않도록 합니다. 이걸 넘어서면 내 악기 소리는 크게 들리겠지만 상대의 소리가 잘 들리지 않기 때문에 박자도 잘 안 맞고 전체 음악의 조화가 깨집니다.

리허설을 할 때는 모든 팀들이 차분하게 점검하면서 적당한 볼륨으로 꽤 들을 만한 연주를 합니다. 그러나 막상 공연이 시작되면 상황이 달라집니다. 당시는 막 홍대에 음악 신(scene)이 형성될 초기라 모두가 밴드 경험이 많지 않을 때였어요. 첫 팀이 적당한 볼륨인 3~4 정도로 시작을 하고 공연을 마치면 그 뒤에 나오는 팀들은 악기의 볼륨을 점점 크게 올립니다. 앞 팀보다 소리를 크게 내면 자신들의 음악이 더 멋지게 보일 거라고 착각했기 때문이었어요. 그러다 보니 마지막 팀에 이르면 모든 악기들이 낼 수 있는 가장 시끄러운 소리를 내게 됩니다. 공연장 밖으로 나온 뒤에도 웅웅거리는 이명이 한동안 귀에서 사라지지 않을 정도입니다. 그쯤 되면 보컬의 목소리는 악기 소리에 묻혀 거의 들리지 않아 공연은 결국 엉망진창이 되고 맙니다.

부끄러운 기억이지만 저도 공연 초기에는 그렇게 가타 볼륨을 필요 이상으로 올려 대곤 했습니다. 조화로운 음악을 만들기 위해서는, 내 악기 소리만이 아니라 모든 소리가 적절히 잘 들려야 한다는 것을 그런

부끄러운 경험들을 거치고 나서야 확실히 알게 되었습니다. 그래서 음악 훈련을 거듭하다 보면 상대가 중요한 표현을 하고 있을 때는 나의 소리를 낮추게 됩니다. 좋은   음악의 기본은 다른 사람의 연주를 잘 듣는 것입니다.

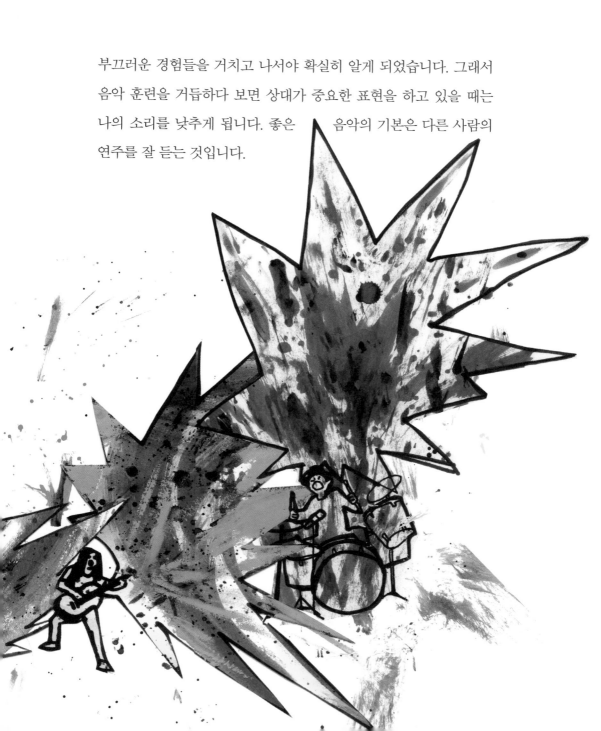

내게 말 걸기를 멈추지 않는 자아

마찬가지로 대화도 잘 듣는 것이 우선이지요. 그런데 우리는 곧잘 다른 사람들의 이야기를 잘 듣지 못하고 나의 이야기에만 빠져들어요. 그 이유는 뭘까요. 그것은 바로 '자아'가 나와 상대 사이의 소통을 방해하고 있기 때문입니다. 자아라는 것은 참 집요하게도 자기에게만 집중하고 자기만 바라봐 줄 것을 요구합니다. 눈으로는 상대를 보고, 귀로는 상대의 목소리를 듣고 있지만 사실 아무것도 듣지 못하는 것. 그것은 내 자아가 너무 크고 중요해서 내 내면의 목소리에 귀를 기울이느라 상대의 말에 관심을 기울일 여유가 없기 때문입니다. 이처럼 자아는 끊임없이 관심받기를 원합니다.

예를 들어 볼까요. 여러분이 친구나 동료들과 함께 찍은 단체 사진이 눈앞에 있습니다. 여러분은 누구를 제일 먼저 찾을까요? 혈액형이나 별자리 운세를 볼 때 우리는 누구의 것을 가장 먼저 읽을까요? 길을 걷다 자동차 유리에 비친 자기의 모습을 유심히 보느라 차 안의 사람이 자신을 보고 있다는 걸 깨닫고 화들짝 놀란 경험은 없나요? 이처럼 자아는 항상 내게 말 걸기를 멈추지 않아요.

자신에게 제일 먼저 관심이 가는 것을 이상하게 생각할 필요는 없어요. 원래 우리는 자기중심적으로 태어난 존재이기 때문이에요. 자신에게 늘 신경을 쓰고 있어야 언제 닥칠지 모르는 위험에서 자신을

잘 돌보고 생명을 보존할 수 있어요. 이렇게 모두가 자기중심적이라는 것을 인정할 때 비로소 우리는 타인의 감정과 생각도 이해할 수 있게 됩니다. 그리고 상대에 대한 관심과 배려도 자연스럽게 가능해집니다.

한편으로 '나는 지금까지 상대 얘기를 들어 주려고 애써 왔어. 그런데 생각해 보면 늘 나만 그랬던 것 같아. 이런 식이라면 상대는 언제 내 이야기에 귀 기울여 들어 줄까?' 이런 생각이 드는 것도 자연스러운 일입니다. 우리 안의 자아의 작용이지요.

대화에 실패하는 또 다른 이유는 이미 상대에 대해 알고 있다고 짐작하기 때문이에요. '나는 저 사람의 이야기라면 지긋지긋해. 더 이상 알고 싶지도 않고 듣고 싶지도 않아.'라는 경우도 있을 거예요. 맞아요. 분명 매일매일을 살다 보면 그런 마음이 들 때가 있습니다.

그런데 상대의 이야기를 새로운 여행지로 들어가는 것이라고 생각한다면 흥미로운 일이 벌어집니다. 지루한 마음이 줄어들고 그 안에 무슨 새로운 것이 있을까 내가 몰랐던 무슨 이야기가 있을까 하고 기대하게 됩니다. 우리는 보통 자신이 잘 알고 있는 곳을 다시 가기보다 잘 알지 못하는 곳으로 떠나기를 더 좋아하기 때문이에요. 여행하면서 새로운 것을 보고 발견할 때 그 자체로 순수하게 기뻐합니다. 다른 사람의 이야기를 듣는 것도 이와 같아요. 저 사람의 얘기라면 무슨 얘기인지 뻔해서 더는 듣고 싶지 않다고 생각하지만 그

고비를 넘기고 상대의 얘기를 듣다 보면 뜻밖의 일들이 펼쳐지기도 합니다.

만일 우리의 목적지를 내가 손바닥 보듯이 잘 알고 있다면 우리는 아마도 그렇게 설레지 않을 것입니다. 매일매일 등교하거나 출근하는 길에 대해서는 여간해서는 설레지 않습니다. 왜냐하면 우리가 그 길들을 잘 안다고 생각하기 때문이에요.

하지만 예상과는 달리 우리는 낯익은 길에 대해 많이 알지 못합니다. 막상 집에서 등굣길 혹은 출근길에 무엇이 있는지 자세히 떠올려 보라고 하면 별로 기억나지 않습니다. 저 역시 집 근처에 있는 음악 작업실로 매일같이 출근하지만 꽤 오래된 상점들을 새롭게 발견하고는 놀라곤 해요. 예를 들어 30년 넘게 영업해 온 작은 화방을 발견했을 때가 그렇습니다. 그렇게 오랫동안 그 자리를 지키고 있었는데도 전혀 그 상점을 기억하지 못하고 있다는 것에 놀랐으니까요. 그러니 늘 알고 있는 길도 마음만 먹으면 새롭게 탐색할 것들이 아주 많은 셈이에요.

우리가 흔히 잘 안다고 생각해서 남의 이야기를 들으려 하지 않는 경우가 바로 부모님이나 친구 혹은 연인처럼 가까운 사람들이 우리를 걱정해 줄 때가 아닐까 싶어요. 그 이야기라면 충분히 잘 안다고 생각해 쉽게 짜증을 내서 그들을 슬프게 합니다. 어느 날은 짜증 섞인 말을 하는 사람이 되기도 하고 어느 날은 그런 말을 듣는 사람이 되기도 합니다.

우리가 다 안다고 생각하는 이야기에도 매일 다니는 출근길의 오래된 화방처럼 실은 잘 모르고 있는 부분이 있을 수 있다는 걸 기억했으면 해요. 그렇다면 조금 더 인내심을 가지고 가까운 사람들의 이야기를 들을 수 있게 될 겁니다.

말 너머의 뜻을 헤아린다는 것

저에게는 무척 말수가 적은 형이 있어요. 늘 조용히 고개를 끄덕이며 다른 사람의 얘기를 듣는 모습이 가장 쉽게 볼 수 있는 형의 모습입니다. 형은 얼마 전까지 길가에 있는 화단을 정리하고 청소하는 일을 했어요. 길가에 핀 꽃들을 정리하고 쓰레기를 치우는 형의 모습을 저도 지나가다 본 적이 있습니다. 길 건너편에서 멈춰 서서 저는 형이 일하는 모습을 한참 동안 바라봤어요. 형은 고개를 숙이고 천천히 길가의 꽃들을 보살펴 주고 있었습니다.

형에게는 좀 불편한 부분이 있어요. 어릴 적부터 말을 더듬는 습관이 있었는데 어른이 되어서도 고쳐지지 않았어요. 한 문장을 마치려 해도 몇 번 호흡을 가다듬어야 했어요. 또 겨우 말을 시작했다고 해도 매우 빠른 속도로 한 문장을 끝내 버려서 보통 사람들은 알아듣기가 쉽지 않습니다. 저의 딸 효민이는 그것을 사투리라고 생각해요. 자신이 알아듣기 어렵기 때문에 경상도나 전라도 말투 같은 사투리라고 생각하는 거죠.

저는 형이 무슨 말을 하는지 하나도 빼놓지 않고 알아들을 수 있습니다. 어릴 적부터 들어온 말이기 때문에 별 어려움 없이 쉽게 이해합니다. 형이 힘겹게 말하다 말이 뜻대로 안 나오면 아예 말을 안 하는 모습을 많이 봤기 때문에 형이 말하고자 하는 것이 무엇인지 이해하려고 애써 왔어요. 들리지 않는 것도 들으려고 노력한 거예요. 물론 제 짐작이 맞지 않을 때도 있었을 거예요. 그러나 대체로 형의 말뜻을 잘 이해해 왔다고 생각합니다. 주의 깊게 잘 들으려 하면 들립니다.

헬렌 켈러는 자기중심적 사고에서 벗어난 세계는 우주만큼 넓다고 했어요. 자아를 잘 다스리면서 상대의 말에 귀 기울이는 것은 절대 쉽지 않습니다. 종종 상대의 이야기를 있는 그대로 듣지 못했다고 해서 너무 자책할 필요는 없어요. 그만큼 자아는 강력하고 끊임없는 관심을 원합니다. 그러나 우리가 자아의 목소리를 낮출 수 있을 때 우리는 좁은 나의 세계에서 드디어 벗어날 수 있는 거예요. 제가 여러 사람이 모여서 연주할 때는 서로의 소리를 잘 들어야 한다고 말했잖아요. 그렇게 연주하듯이 다른 사람의 말에 지속적으로 귀를 기울인다면 우리는 모두가 만족하는 대화를 할 수 있습니다. 그렇게 했을 때 우리가 얻게 되는 것은 천상의 음악과 같은 평화로운 대화입니다.

한편 잘 듣기 위해서는 오히려 자아의 힘을 키워야 할 때도 있습니다. '귀가 얇다.' 혹은 '남의 말을 곧이곧대로 믿는다.'와 같은 말에서 알 수 있듯이 객관적인 판단 능력 없이 타인의 말에 의존하는 것은 위험합니다. 살다 보면 우리는 수많은 사람을 만나고 수많은 이야기를 접합니다. 그 모든 정보가 진실이거나 우리에게 유익할 수는 없습니다. 다른 사람의 말에 귀 기울이는 능력과는 별개로 우리가 얻는 정보들을 잘 취사선택할 수 있는 능력도 꼭 필요합니다. 그러기 위해서는 많이 듣고 많이 읽고 많이 느끼고 많이 생각해야 해요.

더 중요한 것은 자신의 실패와 경험들에서 계속해서 배울 수 있어야 합니다. 완벽하지 않은 인간이다 보니 우리 모두는 살다 보면 어쩔 수 없이 수많은 실수와 실패를 경험합니다. 그러나 자신이 직접 겪은 일에서 자신이 무언가를 배울 수 있다면 우리 모두 이전보다 더 강한 내면의 힘을 가질 수 있습니다. 자신이 구체적으로 겪은 경험을 잘 들여다볼 수 있을 때 그것에서 가장 많은 교훈을 얻는 것도 바로 자기 자신이라는 사실을 기억해 주길 바랍니다.

듣기의 힘

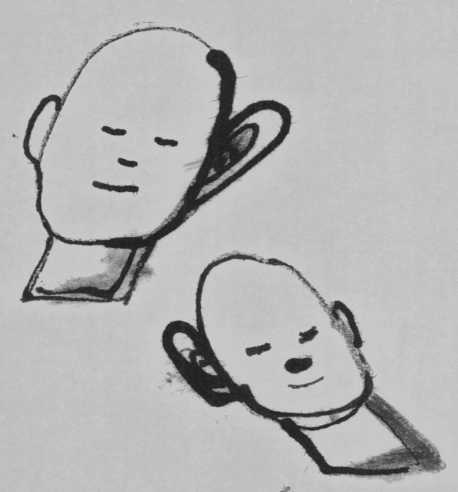

히어링과 리스닝의 차이

호수나 연못에 돌을 던져 본 적이 있나요? 물에 돌멩이를 던지면 수면에 생긴 작은 동그라미가 점점 멀리 퍼져 나가는 것을 볼 수 있을 거예요. 우리가 듣는 소리도 눈에 보이지는 않지만 공기의 파동을 통해 멀리 퍼져 나갑니다. 소리는 공기 속에서 1초에 340미터를 이동하고 물에서는 1초에 1,500미터까지 이동합니다. 강철에서는 이보다 더 빨라 1초에 5,000미터까지 갈 수 있어요. 즉 5,000미터 길이의 강철관의 한쪽 끝을 쇠막대기로 땅 하고 치면 1초 만에 반대쪽 관의 끝에 귀를 대고 있는 친구에게 그 소리가 전달되는 겁니다. 이렇게 소리는 소리를 전달해 주는 물질이 중간에 있어야 들을 수 있어요.

그래서 우주에서는 소리를 들을 수가 없는 겁니다. 우주에는 공기가 아주 희박하기 때문에 소리를 전달해 줄 물질이 거의 없기 때문입니다. 그래서 영화에서처럼 우주 전쟁이 벌어진다고 해도 불꽃은 볼 수 있을지 몰라도 폭발음 같은 소리는 들을 수 없습니다.

우리가 받아들이는 정보 중에 청각을 통한 정보가 무려 40퍼센트

를 차지한다고 합니다. 청각 덕분에 위험을 감지하기도 하고 음악을
들을 수도 있고 사랑하는 사람의 목소리를 들을 수도 있습니다. 무엇
보다 듣는 감각 덕분에 다른 사람과 의사소통도 할 수 있습니다.

또 듣는 것은 '들리는 소리를 그냥 듣는 것'(hearing)과 '의식적으
로 이해하기 위해서 집중해서 듣는 것'(listening)으로 나눌 수 있어
요. 예를 들어서 길을 걸어갈 때 자동차가 차도를 쌩 하고 달려가는
소리를 듣는 것은 들리는 소리를 그냥 듣는 히어링이고 친구가 해
주는 재밌는 이야기를 집중해서 듣는 것은 리스닝입니다.

둘의 차이는 의식적으로 내가 의지를 갖고 듣느냐 그저 들리는 것
을 듣느냐입니다. 그저 들리는 것을 듣는 것은 쉽게 우리 기억에서

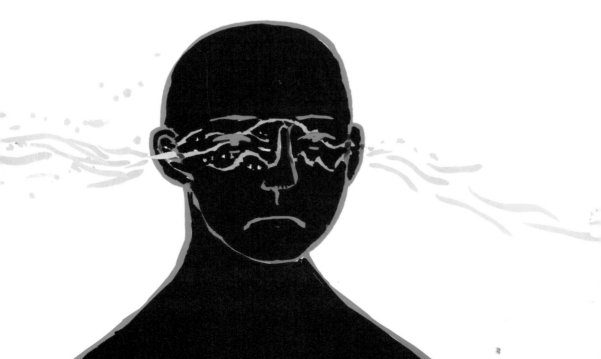

잊힙니다. 왜냐하면 우리의 의식이 중요하지 않다고 판단하기 때문입니다. 예를 들어 선생님이 수업 시간에 말씀하신 내용을 방과 후에 하나도 기억하지 못한다면 리스닝이 아니라 히어링을 한 것이라고 볼 수 있어요. 부모님이 나를 염려해서 해 주는 이야기들을 한 귀로 듣고 한 귀로 흘릴 때도 히어링을 한 것입니다. 하지만 누가 관심 있는 이야기를 하고 있거나 내가 좋아하는 사람이 말을 하면 귀를 쫑긋하고 열심히 듣습니다. 리스닝을 한 것이죠. 각자 경험을 떠올려 보면 이 둘의 차이를 알 수 있을 거예요.

관심 있게 들으려고 하지 않으면 사실 듣지 않는 것과 같아요. 그런데 청각 능력에 이상이 없는 대부분의 사람들은 누구나 자신의 듣

기 능력에 문제가 없다고 생각한답니다. 즉 모두들 자신이 타인의 이야기를 잘 들어 주는 편이라고 생각합니다. 하지만 아쉽게도 그렇지 않은 경우가 많습니다. 다른 사람이 말을 하고 있는 중에도 끊임없이 자신이 다음에 할 말을 생각하느라 정작 잘 듣지 못하는 사람들을 주위에서 흔히 볼 수 있습니다.

귀 기울여 타인의 이야기를 듣는다는 것은 결코 저절로 되지 않습니다. 훈련이 필요한 일이에요. 그런데 말을 잘하도록 가르치는 스피치 학원은 곳곳에 있지만 이야기를 잘 듣는 것을 가르치는 곳은 찾아볼 수 없습니다. 우리는 어릴 때부터 잘 듣는 사람보다 말을 재밌게 잘하거나 조리 있게 말하는 사람이 대접받는 환경에서 자라 왔어요. 아마 여러분도 남의 이야기를 잘 들어 주어서 칭찬받은 적보다 말로 사람들을 재밌게 하거나 지식을 뽐내는 말로 칭찬받은 일이 많을 거예요.

어른들도 마찬가지입니다. 직위가 높은 사람이 주로 말을 하고 다른 직원은 이야기를 듣습니다. 모두들 어떻게 하면 말을 매력적으로 잘할까 고민하고, 재치 있고 멋진 말로 사람들에게 인정받고 싶어 합니다. 대부분의 사람들은 조용히 남의 이야기를 듣는 것에 어색함과 불편함을 느끼기도 합니다. 말할 기회가 없다는 것은 내가 그 무리에서 중요하지 않은 것이란 불안한 마음이 들기 때문입니다. 그래서 다른 사람의 이야기를 끝까지 듣지 못하고 자꾸 중간에 끼어들어야 직성이 풀립니다. 모두들 말하고 싶어만 하고 들으려 하지 않습니다. 하지만 모두가 마음속으로는 누군가 나의 이야기를 귀 기울여 들어 주기를 바랍니다.

들어 주는 사람이 없으면 대화가 아니다

사람이 북적이는 식당에 지금 막 들어갔다고 생각해 볼까요. 아마 웅성웅성 왁자지껄하는 소음만 들리겠죠. 그 안에 있는 모두가 이야기를 하고 있지만 우리는 무슨 말을 하는지 알아듣지 못할 것입니다. 사람들 사이의 보통의 대화도 이와 같아요. 들어 주는 사람이 없는 대화는 사실 아무도 말하지 않는 것과 같아요.

지방 선거 때의 일입니다. 여러분도 길거리마다 매달린 커다란 플래카드와 선거 포스터 등을 보았을 거예요. 선거 때만 되면 평소에 만나기 힘든 정치인들이 시장으로 길거리로 나서서 시민들에게 친절하게 인사합니다. 그리고 주민들의 의견을 경청하는 정치를 하겠다고 입을 모아 약속합니다. 하지만 실제 주민들을 만나는 모습은 잘 듣겠다는 그들의 다짐과는 조금 거리가 멀어 보입니다. 트럭에 스피커를 싣고, 선거 운동원들을 태우고 하루 종일 무차별적으로 노래를 크게 틀어 대고 길거리가 떠나가게 목소리를 높여 소리칩니다.

여러분은 선거 때마다 펼쳐지는 정치인들의 이런 모습이 이상하다고 생각해 본 적 없나요. 주민들의 의견을 잘 듣겠다는 것이 아니라 오히려 주민들에게 일방적으로 자신의 이야기를 들어 보라고 소리치는 사람처럼 보이진 않나요. 선거 때마다 종일 쏟아져 나오는 소음의 폭격은 하루 종일 쉬지 않고 떠드는 사람을 보는 것 같은 고통을 줍니다.

그런데 2018년 봄, 서울의 금천구에서 구의원 후보로 출마한 한 후보의 선거 유세는 조금 달랐어요. 하루 종일 확성기를 통해 시끄럽게 음악을 틀어 대거나 사람이 올라타 소리치는 선거 트럭을 볼 수 없었어요. 대신에 그는 '음 소거' 선거운동을 했습니다. 선거운동 기간 마지막 날엔 유권자들을 만나서도 말을 하지 않고 조용히 인사하고 유인물이나 팸플릿 등을 나눠 주는 것으로 마무리했어요.

그는 '음 소거' 선거운동을 하는 이유가 정치인들이 듣지 않고 떠들어만 대는 것을 보면서 그들이 부끄러움을 느껴야 한다고 생각했기 때문이랍니다. 왜냐하면 그 시끄러운 소리들로 시민들이 무척 괴로워하는 걸 그들만 모르기 때문이라고 해요. 비록 당선되지는 못했지만 그는 정치인에게 정말 필요한 덕목이 무엇인지를 보여 주었습니다. '더 듣기 위해 노력해야 한다.'는 그의 생각이 더 많은 정치인들에게 전해졌으면 좋겠습니다.

잘 들어서 마음을 얻다

제가 몇 년간 제주에 있을 때의 일입니다. 제가 있던 숙소의 1층과 2층에 다른 가족들이 각각 가족 여행을 오셨어요. 그러다 어느 날 두 가족이 같은 시간에 모여서 옆 테이블에 앉아 식사하게 되었어요. 할머니 두 분은 처음 보는 사이인데도 간단한 인사를 나누자마자 이야기꽃을 피우셨습니다. 그중 한 할머니는 일본에서 살다 20년 만에 여동생을 만나러 우리나라에 오셨다고 했어요. 한 할머니가 이야기를 시작하십니다.

"남편이 젊었을 적 중동으로 일하러 가 3년간 4남매를 혼자 키웠어요. 세 들어 사는 집 주인이 아이들 저녁에 텔레비전을 보는데 전기료 많이 나온다고 구박해서 창틀을 옷으로 가리고 소리 죽여 드라마를 시청했죠. 남편과 떨어져 혼자 살아서 그런지 슬프고 서러워서 다시는 가족끼리 헤어지는 일 없어야겠다고 다짐도 했습니다. 그래도 아이들이 모두 착실하게 잘 커서 다 대학 나오고 모두 시집 장가를 갔어요. 그런데 둘째 사위가 회사 일로 하필 중동에 있는 쿠웨이트에 주재원으로 나가게 됐죠. 그래서 내 딸도 2년째 혼자서 아들 둘을 키우고 있습니다. 다행히 사위가 연말에 귀국해서 내가 사는 옆 동 아파트로 이사오게 되었어요. 그러니 이제 자주 볼 수 있게 되어서 참 좋습니다."

식사가 나오기 전 10분 남짓한 시간에 몇십 년에 걸친 얘기가 마치 파노라마처럼 지나갔습니다. 어찌나 재밌게 말씀하시던지 저도 할머니의 이야기에 흠뻑 빠져서 들었어요. 그러나 꼬리에 꼬리를 무는 이야기를 듣고 있는 동안 제 시선은 차츰 일본에서 오신 할머니에게로 옮겨 갔습니다. 할머니는 이야기 중간중간 맞장구를 치거나 고개를 끄덕이기도 하고 또 때로는 적절한 질문을 하면서 다른 할머니의 이야기가 하나의 재미있는 소설처럼 잘 풀려 나가도록 길잡이가 되어 주었습니다. 나중에는 이야기하는 할머니의 말솜씨 덕분이 아니라 듣는 할머니가 이야기를 재밌는 것으로 만들어 가는 것은 아닌가 하는 생각이 들 정도였어요.

그날 이후 이 두 할머니는 어떻게 되었을까요. 제주에 있는 여름휴가 내내 저녁이면 펜션 안 휴게실에서, 식당에서, 또 함께 바닷가를 거닐면서 두 분이 자주 이야기를 나누었습니다. 아주 좋은 친구가 된 거죠.

사람들이 말을 잘하기 위해 애쓰는 것은 아마도 자신의 뜻을 정확하게 전달하기 위해서일 거예요. 그러나 이것 말고도 사람들의 마음을 사로잡고 싶다는 욕망도 우리 마음속에는 있을 겁니다. 그런데 이 할머니는 온전히 한 사람의 이야기를 잘 듣는 것으로 다른 할머니의 마음을 얻어 친구가 되었습니다.

다른 사람의 이야기를 잘 들으면 상대는 우리를 신뢰하게 됩니다.

자기 말을 잘 들어 주는 사람을 싫어하는 사람은 세상에 없거든요. 누구에게나 자기만의 이야기들이 있습니다. 그래서 우리가 다른 사람의 이야기를 듣는 것은 마치 한 편의 소설을 읽거나 혹은 재미있는 영화를 보는 것과 같아요. 우리는 극장에 가서 주인공이 펼치는 온갖 모험과 비밀들을 하나하나 알아 갈 때 짜릿함을 느낍니다. 소설책 페이지마다 녹아 있는 이야기에 빠져 시간 가는 줄 모르고 새벽을 맞기도 합니다. 그렇게 우리가 상대의 이야기를 귀 기울여 들으면 상대는 그 모습에 기뻐하며 보물처럼 숨겨 놓은 자신의 이야기를 기꺼이 꺼내어 들려줍니다.

잘 들으면 한 사람의 목숨도 살릴 수 있다

"칭찬은 고래를 춤추게 한다."는 말, 들어 본 적 있을 거예요. 사람뿐만이 아니라 살아 있는 모든 것은 칭찬 듣는 것을 좋아하나 봅니다. 상대가 조금만 잘한 것이 있어도, 더 자주, 칭찬해 주라는 가르침도 받아 왔어요. 그런데 한편 "칭찬도 삼세번"이라는 속담도 있어요. 아무리 듣기 좋은 칭찬이더라도 계속해서 들으면 별 감흥이 없어집니다. 상대가 무슨 다른 의도가 있는 것은 아닌지 의심이 들 수도 있습니다.

그러나 그 어떤 칭찬에도 별로 반응하지 않는 사람도 자신의 이야기를 귀 기울여 듣고 있는 사람에게는 깊은 호감이 생긴다고 해요. 왜 그럴까요. 모두 마음속 깊은 곳에서는 외로움을 느끼기 때문입니다. 누구나 매일 비슷한 삶을 사는 것 같아도 구체적으로는 다 달라요. 그렇기 때문에 겉으로 아무리 완벽해 보이는 사람이라도 늘 새로운 어려움에 부딪칩니다. 그래서 그저 내 얘기를 들어 줄 누군가가 필요하고, 내 얘기를 잘 들어 주는 이에게 마음이 향하는 거죠.

금문교는 미국 서부의 골든게이트해협을 가로질러 샌프란시스코와 북쪽 맞은편의 마린 카운티를 연결하는 아름다운 주홍빛 다리입니다. 금문교는 세계에서 가장 유명한 현수교이자 미국을 대표하는 건축물 중 하나입니다. 지금은 이렇듯 세계적인 위용을 자랑하지만 공사 당시에는 엄청난 반대가 있었다고 해요. 매일 오후 4~5시가 되면 짙은 안개가 끼고 거센 조류와 바람 등으로 도저히 다리를 놓을 수 없는 곳이기 때문이었어요. 그러나 금문교는 1937년 공사 4년 만에 기적적으로 완성되고 1996년에는 미국 토목학회가 뽑은 현대 토목 건축물 7대 불가사의 중 하나로 선정됩니다.

매년 수많은 관광객이 방문하는 이 아름다운 다리는 불명예스럽게도 중국 난징에 있는 양쯔강 다음으로 세계에서 두 번째로 많은 사람들이 자살을 하는 곳이기도 합니다. 1937년 다리가 완공된 이후 2014년까지 1,600명이 넘는 사람들이 자살하였어요. 매해 100여 명이 자살 시도를 하다 경찰관, 순찰대, 소방대원 등에 의해 구조가 되기도 합니다.

브릭스는 23년간 이 지역을 순찰하며 안전을 담당하다 얼마 전에 은퇴한 순찰대원입니다. 그는 2005년 3월 11일 북쪽 타워 근처 다리 난간 위에서 자살하려고 하는 사람이 있다는 다급한 무전을 받고 오토바이를 타고 그쪽으로 향했습니다. 도착하니 케빈이라는 청년이 난간 위에 아슬아슬하게 서 있었어요. 가까스로 난간 쪽으로 다가간 브릭스가 차분하게 말을 걸자 케빈도 조금씩 말문을 열었습니다. 그러고는 그동안 자신이 느꼈던 절망과 희망 없는 좌절감에 대해 말하기 시작했어요. 케빈이 한참을 자신에 대해 말하는 동안 브릭스는 그의 이야기를 귀 기울여 들었습니다.

그렇게 시간이 흐르고 마침내 케빈은 강물 아래로 뛰어드는 대신 난간을 넘어 다리 위로 올라왔습니다. 자신의 삶에 한 번 더 기회를 주기로 한 것입니다. 브릭스는 그와 다시 인사를 나누며 말했어요.

"잘 생각했습니다. 그리고 축하합니다. 이것은 당신 삶의 또 다른 시작입니다. 그런데 무엇 때문에 다시 살아야겠다는 생각을 하게 된 것입니까?"

케빈은 그 물음에 이렇게 답했습니다.

"당신은 내 이야기를 귀 기울여 들어 주었어요. 내가 이야기를 하도록 내버려 두었고 그저 들어 주었어요."

케빈은 정신적으로 무척 힘든 시간을 보내고 있었고 어떻게든 도움을 받고 살고 싶었어요. 그러나 아무도 그의 고민을 들어 주지 않았고 점점 고립되어 가다가 극단적인 선택을 하려고 했던 겁니다. 그러나 순찰대원이 그의 이야기를 진심을 다해 들어 주던 그 순간, 그는 처음으로 자기에게도 새로운 삶이 가능할 수 있겠다는 생각을 한 것이었어요. 다시 태어나는 순간이라고도 할 수 있지요.

이후에 케빈은 우울증에서 벗어나서 행복한 가정을 꾸리고 지역 사회에서 중요한 역할을 하는 사람으로 바뀌었습니다. 그는 이제는 자신이 어떻게 죽음의 문턱에서 살아와서 새로운 삶을 살게 되었는지에 대해 강연하면서 많은 사람들에게 희망을 전하고 있습니다.

순찰대원 브릭스는 케빈의 이야기를 들어 주었을 뿐인데 결과적으로 그의 목숨을 살렸습니다. 그는 생명을 버리면 안 된다고 무작정 케빈에게 조언을 하거나 경솔하게 훈계하지 않았어요. 생명이 왔다 갔다 하는 위급한 상황이었지만 케빈을 설득하는 대신 한 시간 반 동안 케빈이 자신의 이야기를 하도록 분위기를 만들었고 귀 기울여 들어 주었습니다. 그것이 케빈을 살렸습니다. 그저 들어 주는 것으로 케빈의 마음의 문을 열고 그 안으로 들어가서 결국 케빈 스스로 생명의 끈을 붙잡게 만들어 주었어요.

케빈은 브릭스에게 속마음을 털어놓으면서 극도의 긴장감에서 서서히 벗어날 수 있었어요. 브릭스가 자신의 이야기를 잘 들어 주는 동안 그는 그 자신을 좀 더 객관적으로 볼 수 있는 시선을 갖게 된

것입니다. 여러분도 가족이나 친구에게 무언가를 설명하면서 점점 생각이 정리되는 느낌을 받은 적이 있을 거예요. 그렇게 누군가 내 이야기를 잘 들어 주고 있으면 복잡해 보이던 문제도 안개가 걷히듯 해결할 실마리가 보이게 됩니다.

친구들이 속상한 일을 털어놓으면 어떻게 하나요? 친구를 도와주고 싶은 마음에 "그럴 때는 이렇게 저렇게 하면 돼."라고 조언하거나 "그러니까 내가 전에 하지 말라고 말했잖아. 그럴 줄 알았어. 내 말 안 듣더니……." 하고 핀잔을 주기도 합니다. 그게 친구 된 도리이자 애정이라고 생각하면서요. 그러나 기억을 잘 더듬어 보면, 내가 힘든 상황에서 어렵게 이야기를 꺼냈을 때 상대가 너무 쉽게 충고나 조언을 하면 섭섭한 마음이 들었던 기억이 있을 거예요.

내가 원하는 것은 그저 공감해 주고 그저 얘기를 들어 주는 것뿐인데 상대는 자꾸 충고를 하려고 해요. 사실 그러한 충고 대부분은 인터넷 검색을 조금만 해도 나와 있는 답일 경우가 많아요. 주위 사람들에게 내 마음속에 있는 말을 할 때 우리가 원하는 것은 감정적인 공감과 위로입니다. 그런데 상대는 자꾸 충고를 하고 지적을 하고 원인을 찾으려 드니 뭔가 엇박자가 생깁니다. 그렇게 되면 말하는 사람은 서글퍼지는 것이지요. 힘들어하는 친구를 만난다면 식상한 조언이나 충고를 하기보다는 조용히 들어 주는 것이 더 좋습니다.

"너 내 얘기 듣고 있는 거니?"

우리는 실제로 어떻게 남의 이야기를 듣고 있을까요. AP통신의 2012년 조사 결과에 따르면 18~45세 성인의 집중력 지속 시간이 평균 8초라고 합니다(금붕어의 집중력 지속 시간은 평균 9초라고 해요). 즉 사람은 의식적인 노력을 기울이지 않으면 10초가 지나기도 전에 다른 생각으로 빠진다는 뜻입니다.

때로는 음악 소리에, 때로는 텔레비전에, 때로는 휴대전화에 주의를 빼앗기기 일쑤입니다. 우리 주위에는 상대의 이야기에 귀 기울이는 데 방해가 되는 것들이 널려 있어요. 좋은 대화를 위해서는 주의를 산만하게 하는 환경을 깔끔하게 정리하고 이야기를 듣는 것이 좋습니다.

어떻게 타인의 이야기를 들어야 하는지에 대한 힌트를 주는 이야기를 들려 드릴게요. 몇 년 전에 시청 광장에서 제가 속한 밴드 허클베리핀이 공연할 때의 일입니다. 무대에 올라 공연 준비를 마치고 다른 멤버들의 상황을 체크하기 위해 이리저리 둘러보고 있을 때였어요. 무대 앞쪽에 여자 두 분이 대화하는 것이 눈에 띄었습니다. 사람들이 빽빽이 서 있는 곳이었지만 두 사람의 모습이 눈에 들어왔습니다. 왜냐하면 수화로 대화를 나누고 있었기 때문입니다. 공연장에서 처음 보는 광경이었어요. 수화를 사용해서 대화를 나눈다는 것은 상대의 목소리를 들을 수 없다는 말이잖아요. 귀로 아무것도 들을 수 없다는 것을 의미합니다.

그래서 음악을 소리로 들려주는 저 같은 사람에게 그날 두 분의 모습은 굉장히 낯설었어요. 주말에 시내에 일을 보러 나왔다 공연 무대를 보고 호기심에 우연히 들른 게 아니었을까 저 혼자 추측했습니다. 호기심이 일어 무대 위 멤버들의 준비가 끝나기를 기다리면서 그 사람들이 대화하는 모습을 계속 보았어요. 한 사람이 먼저 수화로 이야기를 하면 다른 사람은 그 모습을 지켜봅니다. 그리고 상대의 이야기가 다 끝나면 자신의 수화를 시작했어요.

그들은 수화로 이야기를 나누기 위해서 서로를 끊임없이 바라봤어요. 상대가 이야기를 하는 중에는 다른 곳으로 시선을 돌리거나 다른 행동을 할 수가 없는 것이에요. 수화로 대화를 하기 위해서는 상대의 몸짓과 눈빛에 집중하고 계속해서 상대를 바라봐야 하는 것이었어요.

그런데 우리는 어떨까요. 굳이 상대를 쳐다보지 않아도 이야기가 들리기 때문에 시선을 다른 곳에 두는 경우가 참 많아요. 그러면서 우리는 상대의 이야기를 듣고 있다고 말합니다. 상대가 "너 내 얘기 듣고 있는 거니?" 하고 물으면 "듣고 있잖아."라고 짜증 섞어서 대답하기 일쑤입니다. 그러나 제가 본 두 청각장애인은 비록 소리는 들리지 않았지만 상대의 표현 하나하나에 온몸을 집중해서 들으려 애

썼어요. 상대의 이야기를 단 한 순간이라도 놓치지 않겠다는 듯이.

공연이 시작되고 분위기가 점차 뜨거워지자 밴드의 보컬리스트가 관객들과 함께 호흡하기 위해 무대에서 내려가 그들 앞으로 다가갔습니다. 그러자 무대 뒤편에 있던 사람들도 하나둘 무대 앞쪽으로 나와 소리 지르고 노래를 따라 불렀어요. 그렇게 공연장 분위기가 뜨거워지고 있을 때 저는 그 청각장애인 분들이 궁금해서 그쪽으로 시선을 돌렸어요. 관객들이 마침 그 둘 사이에 섞여서 앞으로 이동하는 중이었어요. 그 두 사람은 다른 관객들에 가려 서로가 잘 보이지 않는 상황에서도 눈으로 서로를 좇았습니다.

그들의 모습은 저에게 참 인상적이었어요. 대화하기 위해서 서로에게 시선을 거두지 않는 모습이 진정한 대화란 무엇인지 말해 주는 느낌이었습니다. 그것은 온전히 몸과 마음을 다해 상대의 이야기를 들어 주는 것입니다.

말하는 사람도 듣는 사람도 기쁜 이유

저는 국내의 한 시사 잡지에 동료 뮤지션과의 인터뷰 기사를 연재하고 있습니다. 그런데 뮤지션들은 대체로 말로 자신이 느낀 바를 표현하는 데 서툰 경우가 많습니다. 오히려 그들은 '세상에는 말로 표현할 수 없는 중요한 것들이 많이 있다.'고 믿는 사람들입니다. 그래서 그들은 언어보다 음악으로 느끼고 말할 때 더 편안함을 느낍니다.

『레 미제라블』을 쓴 프랑스 작가 빅토르 위고는 "음악이란 말로는 표현할 수 없는, 그렇다고 침묵할 수 없는 것을 표현하는 것이다."라고 말했습니다. 그렇게 음악가들은 말로 설명하기 어려운 것을 음악으로 표현하는 사람들입니다.

처음에 인터뷰를 맡았을 땐, 저는 멋지고 놀랄 만한 질문들을 해야겠다는 마음이 앞서 질문을 많이 준비해 갔습니다. 인터뷰 초반에는 상대가 제 질문에 답을 하고 있는 동안에도 제 눈은 빠르게 다음 질문들의 목록을 체크하곤 했습니다. 그러다 보니 상대가 무슨 말을 하는지 잘 듣지 못하는 경우가 생겼어요.

예를 들어 개인적으로 몹시 슬픈 일을 겪은 뮤지션이 무대에서 손이 갑자기 마비가 되어 너무나 당황스러웠다는 말을 했어요. 저는 질문 목록지만 보다 그 이야기를 듣지 못하고 그만 "바뀐 새 멤버들과의 호흡은 어때요?"와 같은 엉뚱한 질문을 했습니다. 상대가 당황하는 바람에 인터뷰는 자연스럽게 이어지지 못했지요.

그 이후에는 같은 실수를 안 하려고, 상대가 이야기하는 동안에는 온전히 그의 이야기를 집중해서 듣고 있습니다. 그랬더니 자연스럽게 그다음 이어지면 좋을 질문들이 떠올랐어요. 상대가 "그래서 이번 앨범은 아날로그 릴 테이프로 작업하고 있어요."라고 말하면 "아 그렇군요. 그럼 그렇게 테이프로 녹음하면 일반 컴퓨터로 녹음했을 때와 어떤 차이가 있는지 좀 더 설명해 주시겠어요?"라고 되묻습니다. 그러면 상대는 더 열정적으로 자세히 이야기를 이어 갑니다.

어느 기타리스트는 말이 느리고 말수가 없는 것으로 유명해서 저도 인터뷰 준비할 때 고민이 많았습니다. 어떻게 해야 그의 이야기를 더 끌어낼 수 있을까 생각하며 자료를 모으고 질문지를 만들었어요. 그러나 막상 인터뷰가 시작되고 제가 그의 이야기를 귀 기울여 듣는다는 것을 느끼자 그는 자기가 알고 있는 녹음 방식의 차이에 대해 아주 자세히 설명해 주었어요.

이 인터뷰를 하면서 사람은 누구나 자신의 이야기를 말하고 싶어 하고 상대가 그 이야기를 잘 들어 주면 기뻐한다는 것을 느꼈습니다. "저는 말수가 원래 적어요."라든가 "저는 말하는 것을 별로 즐기지 않아요."라고 걱정스럽게 말했던 사람도 일단 상대가 자기 얘기를 잘 들어 주고 있다는 것을 느끼면 안심합니다. 그리고 마음속 이야기들을 꺼내 놓기 시작합니다.

그렇게 만족스럽게 이야기를 하고 나면 그들은 공통적으로 제게 "내 이야기를 잘 들어 줘서 고맙습니다. 오늘은 이상하게도 말을 많이 했네요. 말하면서도 더 할 말들이 자꾸 떠올라서 말이 길어졌어요."라고 쑥스러워하며 말합니다. 저는 이 말을 들을 때가 가장 기쁩니다. 잘 듣는다는 것은 그렇게 상대 안에 깊숙이 숨겨진 보물을 찾아내는 과정이니까요. 이것이 상대의 이야기에 귀 기울이려고 노력

했을 때 우리가 얻을 수 있는 큰 기쁨입니다.

온몸으로 소리를 받아들이는 '맨발의 연주자'

타인의 이야기를 어떻게 들어야 하는지에 관해 알려 주는 멋진 사례가 하나 더 있어요. 에벌린 글레니는 여성 타악기 연주자입니다. 스코틀랜드에서 태어나 주로 영국에서 활동하는 글레니는 얼마 전에 방탄소년단도 수상해서 화제가 되었던 세계적인 권위의 그래미상을 타기도 한 뛰어난 퍼커셔니스트(타악기 주자)입니다. 그는 수많은 나라를 다니며 각국을 대표하는 오케스트라 및 세계적인 뮤지션들과도 협연을 하고 있습니다. 우리나라에서도 2016년에 공연을 한 적이 있었어요. 그녀의 별명은 '맨발의 연주자'입니다. 무대에서 마림바를 비롯한 각종 타악기를 연주할 때 맨발로 연주를 하기 때문에 붙여진 별명이랍니다.

　그녀가 맨발로 연주를 하는 것은 사람들에게 멋지게 보이려는 퍼포먼스가 아니라 다른 이유가 있어요. 글레니는 소리를 들을 수 없는 청각장애인이기 때문이에요. 열두 살에 청력을 잃은 뒤 살갗에 전달되는 악기의 진동과 파장으로 소리를 느낍니다. 그녀에게 음악은 '소리'가 아니라 소리의 파장이 만들어 내는 '떨림'인 것이죠. 즉 두 귀 대신에 온몸으로 소리의 진동을 느끼는 거예요. 그녀가 맨발로 연주하는 이유도 무대에서 진동을 더욱 잘 느끼기 위해서입니다. 그렇게 그녀는 소리를 손이나 팔, 광대뼈, 머리, 가슴, 다리에 닿는 미세한 떨림으로 들었습니다.

그녀는 또한 '솔로 퍼커셔니스트'라는 직업을 만들어 내기도 했어요. 그녀 이전에는 누구도 퍼커션 연주자를 바이올린이나 피아노처럼 솔로 악기 연주자로 여기지 않았다고 합니다. 타악기는 오케스트라 맨 뒤편에서 효과음 정도를 내는 악기란 인식이 많았던 때였으니까요. 그러나 이제 그녀는 오케스트라와의 협연에서도 맨발로 당당하게 무대 맨 앞에 서서 타악기를 연주합니다.

"저는 귀로 듣는 대신 온몸으로 소리를 받아들이는 연습을 했어요. 공연장에서 제 연주가 끝나면 박수 소리가 온몸을 타고 반짝입니다. 그리고 사람들 귀에서 사라진 소리를 저는 아직 듣고 있어요. 공기 속에 남아 있는 울림의 여운을 더 오랫동안, 더 많이 듣고 있는 것이지요."

그녀는 듣는다는 것에 대해서 이렇게 말했습니다.

"저에게 듣는다는 건 주의를 기울이는 것입니다. 주의를 기울인다는 건 내가 이 순간 관심을 가지고 있는 대상이 오직 당신뿐이라는 것을 의미합니다. 컴퓨터나 휴대전화, 시계 따위에 관심을 분산시키지 않는 겁니다. 말 그대로 이 순간만큼은 당신이 내 삶에서 가장 중요한 사람인 거죠."

귀로 들을 수 있는 능력을 잃었지만 글레니는 좌절하는 대신 온 감각을 집중해서 사람들의 이야기를 들으려고 했습니다. 단순히 귀가 아니라 온몸으로 듣는 것이 제대로 듣는다는 것임을 깨달은 것입니다. 이 경험이 오히려 그를 장애가 없는 사람들보다도 더 잘 듣는 사람으로 만들어 주었습니다.

잘 듣는 기술이 있다면

듣는다는 것은 남의 말을 그저 수동적으로 듣는 것하고는 다릅니다. 오히려 매우 능동적이고 적극적인 대화의 기술입니다. 왜냐하면 상대의 말을 잘 들어 줄 때 상대는 나에게 마음을 열고 점점 더 나와의 대화를 즐기게 되기 때문이죠. 그렇게 될 때 여러분의 이야기 역시 상대방에게 잘 전달될 가능성이 더 높아집니다.

대화할 때 흔히 저지르는 실수는 상대가 말하는 도중에 끼어드는 것입니다. 누군가 말을 다 마치기도 전에 말을 끊고 자기 생각을 말하지요. 예를 들어 친구가 "나 어제 수영장 다녀왔는데……."라고 말을 시작하면 곧바로 "아, 나 거기 수영 강사 진짜 마음에 안 들어." 하고 말을 끊는 식이지요. 새로 배운 영법에 대해 말하려던 친구의 머릿속에 수영 강사의 엄한 표정만이 떠오릅니다. 그러다 보면 원래 말하고자 했던 것을 잊어버리거나 타이밍을 놓쳐서 얘기하지 못하게 됩니다. 이런 일이 반복되다 보면 '아, 이 친구는 내 이야기를 듣고 싶어 하지 않는구나.' 하는 생각도 듭니다.

종종 상대의 이야기를 한 문장도 온전히 듣지 않기도 합니다. 더 큰 문제는 말을 끊는 사람은 본인이 그랬다는 사실을 인식하지도 못한다는 것이에요. 그렇게 둘 사이의 대화는 겉돌게 됩니다. 그렇다면 잘 듣는 기술도 있을까요. 올바른 듣기의 방법은 무엇일까요. 듣기에도 분명히 요령이 필요합니다.

제일 쉬운 방법으로 우선 상대의 이야기를 듣고 그 이야기를 그대로 반복해 주는 것이 있어요. 수영장에 갔다는 친구의 말에 "아, 수영장에 갔었구나."라고만 해도 친구는 '내 이야기를 잘 들어 주고 있다.'고 느낍니다. 혹은 "진짜?", "그랬어?", "그렇구나. 그래서 어떻게 됐어?"와 같은 말로 맞장구만 쳐 줘도 좋아요. 아주 단순해 보이지만 이렇게만 반응해 주어도 상대는 공감을 받은 기분이 들어 자연스럽게 다음 이야기를 계속할 수 있습니다.

또 다른 방법은 상대의 말을 중간에 끊지 않고 그저 듣는 것입니다. 얘기를 듣다 보면 여러 가지 판단을 하게 되고 내 나름의 해석을 덧붙여 상대에게 말하고 싶은 욕구가 마구 올라옵니다. 특히 상대가 적절한 말을 고르려고 잠시 말을 멈추고 생각에 잠길 때가 제일 힘든 순간입니다.

그러나 그 순간을 못 참고 끼어들면 상대가 원래 하려던 이야기를

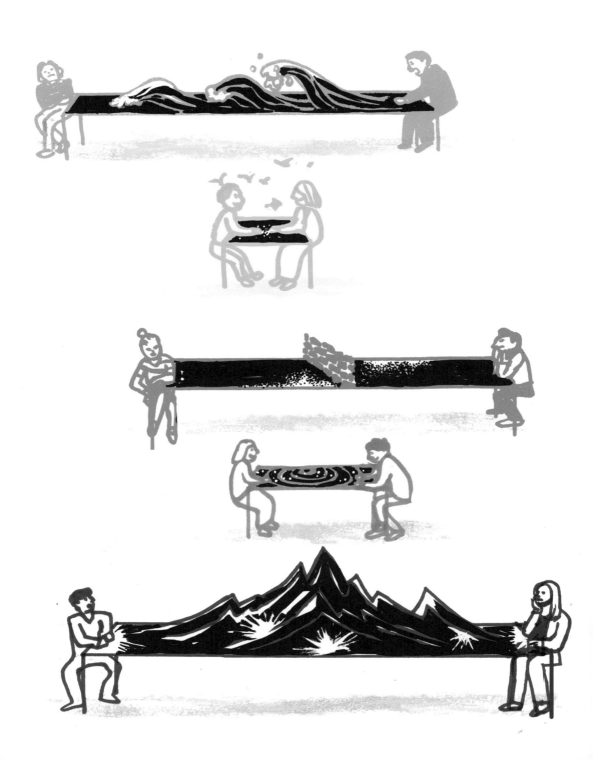

듣는 것은 힘들어집니다. 상대가 잠시 머뭇거리며 이야기를 생각하고 있을 때일수록 차분히 기다려 주어야 합니다. 내가 그런 상황에 처했을 때 상대가 말없이 기다려 준다면 어떨까요? 상대에 대한 신뢰감이 높아져 내가 알고 있는 것을 상대에게 더 많이 알려 주려 하지 않을까요?

상대의 말이 끝났을 때 그 내용을 간략히 정리해서 그대로 말해 주는 것도 한 방법입니다. 예를 들어 다른 친구와의 갈등 때문에 괴로워하는 친구의 이야기를 들었다면 "그러니까 네 말은……." 혹은 "내가 이해한 게 맞는지 모르겠는데……."라고 말을 꺼낸 뒤에 한두 문장으로 상대의 이야기를 요약해 주는 겁니다. 그러면 상대는 자신의 이야기를 귀 기울여 듣는다는 확신이 생겨서 더욱더 열심히 자신이 알고 있는 이야기를 들려줄 것입니다.

하지만 이런 모든 방법도 여러분이 얘기를 들어 줄 만한 에너지가 있고 상황이 되어야 가능합니다. 만일 내가 너무 피곤하거나 다른 중요한 일에 몸과 마음을 집중해야 할 때는 예의를 갖춰 상대에게 이렇게 말하는 것도 한 방법입니다. "너의 이야기를 꼭 듣고 싶은데 지금은 내가 너무 피곤해서 잘 들을 수 없을 것 같아. 다음 기회를 만들어 보자." 무리해서 억지로 대화를 이어 가다 보면 상대의 이야기가 짜증스럽게 들려 오히려 얘기를 안 하느니만 못한 결과를 만들 수도 있으니까요.

모모의 특별한 능력

『모모』는 독일의 아동문학가 미하엘 엔데의 소설입니다. 주인공인 모모는 어느 날 마을 외곽의 돌로 만든 극장에서 마을 사람들에게 발견됩니다. 고아인 모모에게 마을 사람들이 집을 구해 주겠다고 했지만 모모는 혼자 원형극장에서 살기를 선택합니다. 그런 모모에겐 아주 특별한 능력이 있었는데 바로 '남의 이야기를 귀 기울여 들어 주는' 능력이었습니다. 모모는 어떻게 다른 사람의 이야기를 들어 주었을까요.

> 모모 곁에는 언제나 누군가가 앉아 열심히 이야기를 하고 있었다. 모모가 필요하지만 직접 찾아올 수 없는 사람은 모모를 부르러 사람을 보냈다. 아직 모모가 필요하다는 것을 느끼지 못하는 사람이 있으면 마을 사람들은 이렇게 말했다. "아무튼 모모에게 가 보게." 이 말은 인근 마을 사람들이 으레 하는 일상어가 되었다. 사람들은 무슨 일이 생기면 이렇게 말하는 것이다. 도대체 왜 그랬을까? 모모가 누구에게나 좋은 충고를 해 줄 수도 있을 만큼 똑똑하기 때문에? 위로를 받고 싶어 하는 사람에게 꼭 맞는 말을 해 줄 수 있기 때문에? 현명하고 공정한 판단을 내릴 줄 알았기 때문에? 그 어느 것도 아니었다. 모모는 이 세상 모든 아이가 그렇듯이 그런 일을 잘하지 못했다. (중략)

하지만 꼬마 모모는 그 누구도 따라갈 수 없는 재주를 갖고 있었다. 그것은 바로 다른 사람의 말을 들어 주는 재주였다. 그게 무슨 특별한 재주람. 남의 말을 듣는 건 누구나 할 수 있지. 이렇게 생각하는 독자도 많으리라. 하지만 그 생각은 틀린 것이다. 진정으로 귀 기울여 다른 사람의 말을 들어 줄 줄 아는 사람도 없었다. 모모는 어리석은 사람이 갑자기 사려 깊은 생각을 할 수 있게끔 귀 기울여 들을 줄 알았다. 상대방이 그런 생각을 하게끔 무슨 말이나 질문을 해서가 아니었다. 모모는 가만히 앉아서 따뜻한 관심을 갖고 온 마음으로 상대방의 이야기를 들었을 뿐이다. 그리고 그 사람을 커다랗고 까만 눈으로 말끄러미 바라보았을 뿐이다. 그러면 그 사람은 자신도 깜짝 놀랄 만큼 지혜로운 생각을 떠올리는 것이었다.

모모는 결정을 내리지 못하거나 어떻게 해야 할지 모르는 사람들이 문득 자신이 무엇을 원하는지 정확하게 알 수 있게 그렇게 귀 기울여 들을 줄 알았다. 모모에게 말을 하다 보면 수줍음이 많은 사람도 어느덧 거침이 없는 대담한 사람이 되었다. 불행한 사람, 억눌린 사람은 마음이 밝아지고 희망을 갖게 되었다. 내 인생은 실패했고 아무 의미도 없다, 나는 전혀 중요한 사람이 아니다, 마치 망가진 냄비처럼 언제라도 다른 사람으로 대치될 수 있는 그저 그런 수백만의 평범한 사람 가운데 한 사람에 불과하다, 이렇게 생각하는 사람은 모모를 찾아와 속마음을 털어놓았다. 그러면 그 사람은 말을 하는 중에 벌써 어느새 자기가 근본적으로 잘못 생각하고 있었다는 사실을 깨닫게 되었다. 지금 있는 그대로의 나와 같은 사람은 이 세상에 단 한 사람도 없다. 그렇기 때문에 나는 나만의 독특한 방식으로 이 세상에서 소중한 존재다. 이런 사실을 깨닫게 되는 것이었다.

　모모는 그렇게 귀 기울여 들을 줄 알았다.

　　　　　　　　－미하엘 엔데,『모모』(한미희 옮김, 비룡소) 중에서

이것이 바로 모모의 특별한 능력이었어요. 모모는 말을 중간에 끊지 않고, 다른 데로 시선을 돌리지 않고, 또 자기가 아는 얕은 지식으로 충고를 하지도 않으면서 그저 온 마음으로 상대방의 이야기를 들었어요. 그렇게 그저 들어 주었을 뿐인데 사람들은 문득 자신이 원하는 것은 무엇인지 자신이 잘못 생각하는 것은 무엇인지 스스로 깨달았어요. 그리고 자기 자신이 이 우주에서 하나뿐인 소중한 존재란 걸 깨달았습니다. 잘 듣는 것으로 할 수 있는 세상에서 가장 좋은 일이 이것 외에 또 있을까요.

　우리는 살면서 다양한 삶의 가치를 인정하도록 교육받지만 실제로 다양성을 인정하기가 쉽지 않습니다. 편견으로 다른 사람들을 판단하고 재단하는 것은 너무도 쉽습니다. 그렇게 우리는 의도하지 않게 다른 사람에게 가해자가 됩니다. 우리는 처음 만난 사람에게 어느 학교를 졸업했는지, 어느 지역에 사는지, 결혼은 했는지, 아이가 몇이나 있는지를 묻습니다. 우리는 평균적인 가치 기준을 세우고 앞서 말한 조건들을 충족하지 못하면 마음속으로 평가하고 배제합니다. 자신이 기준으로 세운 학교를 나오지 않으면 능력이 안 되는 사람, 늦은 나이까지 결혼을 안 한 사람은 뭔가 문제가 있는 사람 등등. 앞에서는 티를 내지 않더라도 뒤에 가서 끊임없이 수군거립니다.

그러나 삶은 그런 한두 가지의 잣대로 평가할 정도로 단순하지 않습니다. 누구에게나 이야기가 있고, 그들만의 아름다움이 있습니다. 고유한 우주가 있습니다. 어떤 사람의 이야기를 편견 없이 듣는다면 우리가 경험하지 못한 흥미진진하고 새로운 세계로 들어갈 수 있습니다. 남의 이야기를 듣는다는 것은 그래서 어떤 인생 속으로 들어간다는 뜻이기도 해요. 이를 통해 삶은 더욱 풍요로워집니다. 훌륭한 문화 예술이 그러하듯이 잘 듣는다는 것은 우리 삶에 숨 쉴 수 있는 구멍을 만들고 넓혀 가는 것입니다.

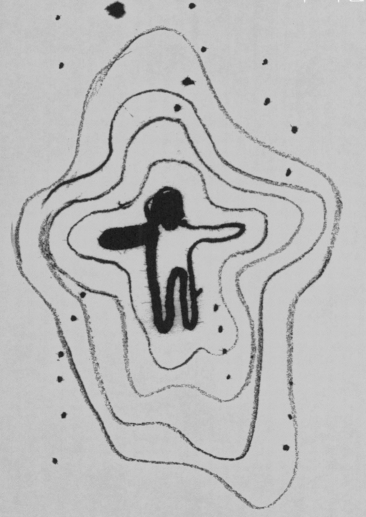

오로라 피플

이지러진 저 달을 봐

성스러운 저 검은 숲 위로 쏟아지는 빛에 싸여

밤이 너의 눈에서 자라고 있어

바람에 별이 떨어져 들판에서 흩날릴 때

나라는 존재는 없었어 나라는 건 먼지일 뿐

눈 덮여 도시들 사라지면 나에게 또 나에게 해 줬던 말

'난 달 위에 누워서 너의 삶에 따뜻한 햇살이 펼쳐지길 기도해'

가끔 너를 찾아 헤매 떠도네

지구에선 바람만이 불어오네

이지러진 달

바람에 별이 떨어져 들판에서 흩날릴 때

바람에 스며들어서 너는 내게 들어왔어

－허클베리핀, '오로라 피플'

　이 곡은 제가 작업실에서 벗어나 숲의 나무들 사이에서 만든 곡입니다. 상상 속에서 저는 친구와 오로라 여행을 떠납니다. 하얀 눈밭에서 드디어 오로라를 만나게 되고 우리는 그 빛에 둘러싸여 할 말을 잊었습니다. 말만 잊은 것이 아니고 대자연이 주는 황홀경 앞에서 나라는 존재도 깨끗이 잊었어요. 종종 너무 아름답고 좋은 것을 마주하면 우리는 '나'라는 자아에서 벗어나게 됩니다. 그리고 대상에 순수하게 감탄하고 몰입하게 됩니다.

　저는 그 깨끗한 감탄의 세계가 참 소중하다고 생각해요. 그럴 때 나의 자아는 작아질수록 좋겠지요. 그래야 더 많은 아름다운 것들이 내 안에 들어올 수 있으니까요. 그렇게만 될 수 있다면 내가 먼지처럼 작아져도 좋을 것 같아요. 게다가 나는 혼자가 아니라 친구와 함께 있습니다. 그리고 내 친구도 그 마음을 함께 나누고 있습니다. 그런 두 사람의 대화는 분명 바람같이 가볍고 부드러울 것 같아요. 두 사람은 언제나 서로의 삶에 햇살이 함께하길 바라고 있어요. 그렇게 오로라의 밤하늘 아래에서 함께 나눈 이야기는 서로의 가슴속에 오랫동안 잊히지 않겠지요. 가사를 쓰고 나니 곡에 등장하는 둘은 영혼까지 닮아 있듯 친밀하고 충만합니다. 그런 두 친구 사이의 이야기는 어떠할까요.

생각이 찾아오는 학교 너머학교

생각한다는 것
고병권 선생님의 철학 이야기
고병권 지음 | 정문주 · 정지혜 그림

탐구한다는 것
남창훈 선생님의 과학 이야기
남창훈 지음 | 강전희 · 정지혜 그림

기록한다는 것
오항녕 선생님의 역사 이야기
오항녕 지음 | 김진화 그림

읽는다는 것
권용선 선생님의 책 읽기 이야기
권용선 지음 | 정지혜 그림

느낀다는 것
채운 선생님의 예술 이야기
채운 지음 | 정지혜 그림

믿는다는 것
이찬수 선생님의 종교 이야기
이찬수 지음 | 노석미 그림

논다는 것
오늘 놀아야 내일이 열린다!
이명석 글 · 그림

본다는 것
그저 보는 것이 아니라 함께 잘 보는 법
김남시 지음 | 강전희 그림

잘 산다는 것
강수돌 선생님의 경제 이야기
강수돌 지음 | 박정섭 그림

사람답게 산다는 것
오창익 선생님의 인권 이야기
오창익 지음 | 홍선주 그림

그린다는 것
세상에 같은 그림은 없다
노석미 글 · 그림

관찰한다는 것
생명과학자 김성호 선생님의 관찰 이야기
김성호 지음 | 이유정 그림

말한다는 것
연규동 선생님의 언어와 소통 이야기
연규동 지음 | 이지희 그림

이야기한다는 것
이명석 선생님의 스토리텔링 이야기
이명석 글 · 그림

기억한다는 것
신경과학자 이현수 선생님의 기억 이야기
이현수 지음 | 김진화 그림

가꾼다는 것
'내-생태계'와 함께 성장하는 이야기
박사 글 · 그림

차별한다는 것
차별을 알면 다름이 보인다
권용선 지음 | 노석미 그림

듣는다는 것
음악으로 듣는 너의 이야기
이기용 지음 | 이유정 그림

삼국유사,
끊어진 하늘길과 계란맨의 비밀
일연 원저 | 조현범 지음 | 김진화 그림

종의 기원,
모든 생물의 자유를 선언하다
찰스 다윈 원저 | 박성관 지음 | 강전희 그림

너는 네가 되어야 한다
고전이 건네는 말 1
수유너머R 지음 | 김진화 그림

나를 위해 공부하라
고전이 건네는 말 2
수유너머R 지음 | 김진화 그림

독서의 기술,
책을 꿰뚫어보고 부리고 통합하라
모티머 J. 애들러 원저 | 허용우 지음

우정은 세상을 돌며 춤춘다
고전이 건네는 말 3
수유너머R 지음 | 김진화 그림

대화편,
플라톤의 국가란 무엇인가
플라톤 원저 | 허용우 지음 | 박정은 그림

감히 알려고 하라
고전이 건네는 말 4
수유너머R 지음 | 김진화 그림

아Q정전,
어떻게 삶의 주인이 될 것인가
루쉰 원저 | 권용선 지음 | 김고은 그림

언제나 질문하는 사람이 되기를
고전이 건네는 말 5
수유너머R 지음 | 김진화 그림

경연,
평화로운 나라로 가는 길
오항녕 지음 | 이지희 그림

 유토피아,
다른 삶을 꿈꾸게 하는 힘
토머스 모어 원저 | 수경 지음 | 이장미 그림

 작은 것이 아름답다,
새로운 삶의 지도
에른스트 프리드리히 슈마허 원저 | 장성익 지음 | 소복이 그림

 성서,
삶의 진실을 향한 무한 도전
손기태 지음 | 이유정 그림

더불어 고전 읽기

 욕망,
고전으로 생각하다
수유너머N 지음 | 김고은 그림

 사랑,
고전으로 생각하다
수유너머N 지음 | 전지은 그림

 진화와 협력,
고전으로 생각하다
수유너머N 지음 | 박정은 그림

 다음 세대를 위한 북한 안내서
한 걸음 더 가까이 평화의 시대 북한, 북한 사람들
서의동 글 | 김소희 그림

그림을 그린 **이유정** 선생님은

홍익대학교 시각디자인과를 졸업했고, 한국일러스트레이션학교(Hills)에서 그림책 공부를 했습니다. 힘찬 그림 그리기를 좋아합니다. 그림으로 힘차게 살아 있는 감각을 나누고 싶습니다. 글을 쓰고 그린 그림책으로는 『우리 집에 사는 신들』, 『덩쿵따 소리 씨앗』이 있고, 그림을 그린 책으로는 『서로를 보다』, 『달려라! 아빠 똥배』, 『여보세요, 생태계 씨! 안녕하신가요?』, 『으랏차차 흙』 등이 있습니다.

듣는다는 것

2018년 11월 15일 제1판 1쇄 발행
2019년 6월 30일 제1판 2쇄 발행

지은이	이기용
그린이	이유정
펴낸이	김상미, 이재민
편집	김세희
디자인기획	민진기디자인
종이	다올페이퍼
인쇄	청아문화사
제본	길훈문화
펴낸곳	너머학교
주소	서울시 서대문구 증가로20길 3-12
전화	02)336-5131, 335-3366, 팩스 02)335-5848
등록번호	제313-2009-234호

ISBN 978-89-94407-69-2 44670
ISBN 978-89-94407-10-4 44080(세트)
www.nermerbooks.com

너머북스와 너머학교는 좋은 서가와 학교를 꿈꾸는 출판사입니다.